부여의 얼굴

동북아역사재단
교양총서 20

부여의 얼굴

이종수 지음

간행사

 우리나라를 둘러싼 동북아 지역의 역사 갈등은 여전히 한창이고, 점차 심화되고 있습니다. 우리 동북아역사재단은 2006년에 동북아 지역의 역사 갈등을 미래지향적으로 해결하고, 나아가 역내 평화체제를 구축하려는 목적으로 출범하였습니다. 이때는 항상적으로 제기되고 있던 일본의 역사 왜곡에 더하여 고구려, 발해 역사를 둘러싸고 중국과 역사 분쟁이 일어났습니다.

 한국과 일본 사이의 역사 문제는 19세기 말 일제의 침탈과 식민지배 때부터 있어왔습니다. 지금도 일제의 식민지배에 대한 진정한 사죄와 일본군'위안부' 문제, 전쟁에의 강제 동원과 수탈, 독도영유권 등을 둘러싸고 논쟁과 외교 마찰이 일어나고 있습니다. 중국은 개혁·개방 이후 급속한 경제발전을 이루면서 체제를 안정시키고 선린외교에 주력하였으나, 주변국과의 관계에서 주도권을 잡고자 하는 과정에서 자연스럽게 역사 문제를 둘러싸고 이웃과 대립하게 되었습니다. 그중 동북 3성 지역의 역사에 대해서는 이른바 '동북공정'이라는 것을 통하여 중국 영토 안에서 일어났던 역사를 모두 자기 역사 속에 편입하고자 함으로써 우리의 고대사(고조선, 부여, 고구려, 발해 등)와 충돌하게 되었습니다.

우리 재단은 이런 역사 현안을 우리 입장에서 연구하면서, 다른 한편으로 우리 국민이나 다른 나라 사람들이 우리의 연구 결과를 같이 공유하고, 이를 쉽게 알 수 있도록 교양 수준의 책을 출간하게 되었습니다. 한·중·일 역사 현안인 독도, 동해 표기, 일본군'위안부', 일본역사교과서, 야스쿠니신사, 고조선, 고구려, 발해 및 동북공정 관련 주제로 우리 재단 연구위원을 중심으로 재단 외부 전문가들로 필진을 구성하였습니다.

모든 국민이 이 교양서들을 읽어서 역사·영토 현안을 올바르게 인식하고 나아가 우리가 동북아 역사 갈등을 주도적으로 해결하여 평화체제를 이룩하는 데 주역이 되기를 바랄 뿐입니다.

동북아역사재단
이사장

책을 내며

 1997년 처음 길림시를 답사하면서 끌리듯이 내게 다가온 부여를 부여잡은 지 20여 년이 흘렀다. 부여를 주제로 박사학위 논문을 쓰겠다고 하자 주변은 물론 지도교수님조차 자료의 부족을 들어 반대하셨다. 그러나 당시까지 한·중·일 전체에서 부여를 주제로 학위 논문이 나온 예가 없고, 그동안 발간된 자료를 정리하는 것도 의의가 있을 것 같다는 말씀으로 설득하여 힘들게 학위 과정에 들어갈 수 있었다.

 2004년 「부여문화연구」란 제목으로 최종 학위 논문 심사를 받는 과정에서 심사위원 한 분이 "한국인이 부여를 주제로 처음 박사학위를 받게 되었다"라고 말씀하셨던 것이 기억에 남는다. 당시는 동북공정이 한창 진행되고 있던 때였던 만큼 부여 전공 첫 박사가 한국인이라는 것이 마음에 걸리셨던 모양이다.

 첫 부여 전공 박사라는 영광은 하버드대학의 마크 바잉턴Mark Byington 교수를 만나면서 산산이 부서졌다. 바잉턴과는 지린대학吉林大學 웨이춘청魏存成 교수님 밑에서 2년 동안 함께 지도를 받았다. 그 기간 동안 수많은 유적을 답사하면서 필자는 부여를 전공하고, 바잉턴은 고구려를 전공하기로 약속하였다. 이후 한국에서 만나 서로 박사학위 논문을 교환하면서 그가 1년 먼저 부여를 주제로 박사학위를 받았다는 것을 알게 되었다. 심지어 내 논문의 두 배인 500페이지가 넘는 방대한 분량의 대작이었다. 왜 주제를 부여로 바꾸었는지 물으니 자기도 어느 순간에 부여가 맘에 들어왔다고 한다. 그 역시도 부여의 숨은 매력에 빠지게 되었나 보다.

작년 8월에 갑작스레 부여 관련 책을 집필해 달라는 의뢰를 받고 별생각 없이 수락해 놓고 보니 원고 제출 기한이 3개월이란다. 하나도 준비되어 있지 않은 상황에서 부랴부랴 그동안 여기저기 발표했던 논문을 모아 정리하기 시작하였다. 그로 인해 책의 내용이 대부분 참고문헌에 실린 필자의 논문들을 수정하거나 보완한 것들이라 일반 대중 교양서라기보다는 전공서에 더 가깝다.

첫 번째 장은 일반인들이 관심 있게 읽을 수 있도록 부여 금동 가면을 다루었다. 2014년 국립중앙박물관 특별전에서 부여 금동 가면을 직접 실견하고 관련 논문을 써야겠다고 생각하게 되었는데, 논문 작성을 위해 국립중앙박물관 수장고에서 금동 가면을 직접 마주했을 때의 설렘은 지금도 잊을 수 없다. 두 번째 장에서는 부여의 시조인 동명과 그의 고향, 그리고 부여의 영토 범위와 교통로 등에 대한 이야기, 세 번째 장에서는 부여 사람들의 의식주와 생활 모습에 대해 정리하였다. 네 번째 장에서는 부여 왕성과 지방 성곽의 특징을 살펴보았고, 마지막 장에서는 각국의 부여사 연구 현황과 함께 중국과 북한에서 발간된 부여 관련 단행본에 대한 분석을 실시하였다.

미흡한 책을 만들면서 주위 분들의 많은 도움을 받았다. 이 책이 나올 수 있도록 기회를 주신 동북아역사재단 김현숙 박사님, 바쁜 일과 속에서도 교정을 도와주신 나용재, 김나경 조교님, 출판 관계자 여러분께 감사 인사를 드린다.

2021년 2월 양심재養心齋에서

이종수

차례

간행사 _4
책을 내며 _6

제1장 부여의 얼굴
1. 금동 가면의 발견 _14
2. 금동 가면의 생김새 _18
3. 금동 가면은 어떻게 만들었을까? _24
4. 금동 가면은 어디에 사용했을까? _27
5. 금동 가면은 어디에서 왔나? _34
6. 후대로의 전승 _40

제2장 부여는 어떤 나라인가
1. 단군과 동명 _48
2. 부여 시조 동명의 고향은 어디일까? _55
3. 부여 땅은 얼마나 넓었을까? _69
4. 부여의 길 _86

제3장 부여 사람들은 어떻게 살았을까
1. 부여인의 생활 모습 _106
2. 부여인의 집 _111
3. 부여인의 죽음과 장례 _114
4. 부여인이 사용한 물건들 _122

제4장 부여 왕성은 어디에
1. 전기 왕성_132
2. 후기 왕성_145
3. 사출도와 지방 성_157

제5장 부여는 누구의 역사인가
1. 중국의 부여사 연구 현황과 인식_171
2. 북한의 부여사 연구 현황과 인식_189

참고문헌_214

찾아보기_217

제1장 부여의 얼굴

1.
금동 가면의 발견

 1930년대 중국 길림성 길림시 제2중학교에서 교사로 근무하던 이문신은 학생들에게 미술과 역사를 가르치면서 시간이 날 때마다 길림시 교외의 용담산, 동단산, 모아산 등을 답사하며 유물을 수습하였다.

 어느 날 모아산 일대 남쪽 능선을 조사하던 중 밭 한가운데서 황금이 칠해진 청동 가면을 발견하였다. 조심스레 수습한 유물은 기괴한 도깨비 형상을 하고 있었다. 얼굴은 길고 갸름한 형태에 머리카락을 꼬아 올려 상투를 튼 머리, 세 줄의 주름이 표현된 이마, 날카롭게 올라간 눈, 볼록하게 튀어나온 광대뼈, 벌어진 입에 오목하게 강조된 턱 등 '신기영악神氣獰惡'하다고밖에 할 수 없는 그런 모습이었다. 이 금동 가면은 해방 후 길림성 박물관 수장고에서 잠자고 있다가 1993년 『중국문물지도집中國文物地圖集-길림분책吉林分冊-』 뒤표지에 사진이 실리면서 실체가 알려졌고, 현재는 말끔하게 보존 처리되어 길림성박물원에 전시되어 있다.

부여의 금동 가면이 학계의 관심을 받게 된 것은 2000년대 이후이다. 2003년 하버드대학교의 마크 바잉턴Mark Byington 교수가 자신의 박사학위 논문에서 이문신이 수습한 금동 가면과 함께 해방 이전에 일본인이 작성한 논문을 근거로 여순박물관에 소장되어 있을 것으로 추정하는 같은 형태의 가면에 대해 그 특징과 성격을 다루면서 학계에 처음 소개되었다. 이후 10여 년이 지난 2014년에 당시 미네소타대학교에서 동양미술사를 가르치던 김민구 교수가 「부여夫餘의 얼굴: 둥탄-마오얼산 출토의 금동면구金銅面具와 그 외연外延」이란 글을 발표하면서 금동 가면의 특징과 성격을 어느 정도 파악할 수 있게 되었다. 같은 해 10월 국립중앙박물관의 특별전 〈동양을 수집하다〉에서 부여 금동 가면 2점이 전시되면서 새롭게 세상에 알려지게 되었다. 당시 언론 매체를 통해서도 가장 오래된 한국인의 얼굴로 보도되면서 일반인들까지 관심을 갖게 되었다.

부여 금동 가면은 일제강점기에 길림시 일대에서 수십 점이 출토된 것으로 보고되었다. 당시 일본에서는 식민지 민속예술품을 수집하는 민게이民藝 취향이 유행하였다. 특히 만주 지역의 민속예술품은 수집가들에게 매력적이었다. 그로 인해 부여 왕성 소재지였던 동단산과 모아산 일대의 무덤이 무분별하게 파헤쳐졌으며, 도굴된 금동 가면은 골동품 업자들의 손을 거쳐 일본 수집가들에게 넘겨졌다. 현재 남아 있는 금동 가면은 앞서 설명한 길림성박물원 소장 1점, 국립중앙박물관 소장 2점, 그리고 여순박물관에 소장되어 있을 것으로 추정하는 1점 등 모두 4점이다.

국립중앙박물관에 소장된 2점은 조선총독부박물관 소장품 대장에 매입 경로가 자세히 기록되어 있다. 이에 따르면 북만주 지역에서 수십 점의 금동 가면이 발견되었는데, 그중에서 2점을 만주 총영사의 소개로 조선총독부 경무국 고등경찰과에 근무하던 다카하시 가네아키高橋金明에게서 구입했다고 한다. 구입 날짜는 1923년 4월 18일, 매입 가격은 1점당 25원씩 총 50원이었다. 당시 유물에 대한 평가액 산정은 박물관 협의원이었던 후지타 료사쿠藤田亮策가 담당하였다.

이 금동 가면의 출처는 야기 쇼자부로八木奬三郞의 글에 간략하게 실려 있다. 그는 길림시 일대에서 스나즈카 데이조砂塚貞藏라는 전당포 업자로부터 5점의 금동 가면을 매입하였는데, 2점은 조선총독부에 기증하고, 3점은 다카하시 야스코高橋安子에게 처분하였다고 했다. 이 기록에 근거하면 현재 국립중앙박물관에 소장된 2점의 금동 가면은 스나즈카가 조선총독부에 기증한 것일 가능성이 크다. 하지만 조선총독부박물관 소장품 대장에는 다카하시 가네아키에게서 구매한 것으로 기록되어 있다. 재미있는 사실은 스나즈카에게서 3점을 매입한 다카하시 야스코와 조선총독부박물관에 2점을 매도한 다카하시 가네아키는 같은 성을 쓰고 있어 두 사람의 관계가 부부 혹은 남매 등 친인척일 가능성이 매우 크다는 것이다. 그렇다면 국립중앙박물관에 소장된 2점은 다카하시 야스코가 구입한 3점 중 2점을 다카하시 가네아키가 다시 조선총독부에 매도한 것으로 볼 수 있다.

여순박물관에 소장된 것으로 추정하는 금동 가면은 관동청박물관關東廳博物館에서 발행한 『박물관진열품도록』에 처음 소개된 이래로 1953년에 출간된 『여순박물관도록』에 지속적으로 실렸다. 이 금동 가면의 출처에 대해 야기 쇼자부로는 스나즈카가 다카하시 야스코에게 처분한 3점 중 1점인 것으로 파악하였고, 김민구는 스나즈카가 조선총독부에 기증한 것 중 하나인 것으로 파악하였다. 어찌 되었든 스나즈카 데이조가 매입한 5점 중 3점은 현재 소장처가 확인되지만 나머지 2점은 행방을 알 수 없다. 아마도 이 금동 가면들은 어느 수집가의 보물창고에서 세상에 나올 날만 손꼽아 기다리고 있을 것이다.

2.

금동 가면의 생김새

    국립중앙박물관 수장고에서 직접 본 금동 가면 2점은 생김새가 거의 쌍둥이처럼 같다. 〈그림 1-1〉의 가면은 이마, 눈, 코, 광대뼈 일부 등의 도금이 벗겨진 것을 제외하면 완형에 가깝다. 길이는 27.4센티미터, 너비(귀 포함)는 15.8센티미터, 두께는 3~5센티미터로 일정하지 않다. 상투 부분 내면의 높이는 4.7센티미터, 귀 길이는 6.7센티미터이며, 이마 부분의 너비는 12.4센티미터, 턱 부분 너비는 9.2센티미터이다. 〈그림 1-2〉 가면의 도금 상태는 비교적 양호한 편이며 왼쪽 귀 상단부와 왼쪽 머리 일부분이 파손되었을 뿐 크기와 형태는 〈그림 1-1〉의 가면과 거의 같다.

    두 가면의 얼굴형은 전체적으로 길고 갸름하며 턱 부분이 오

 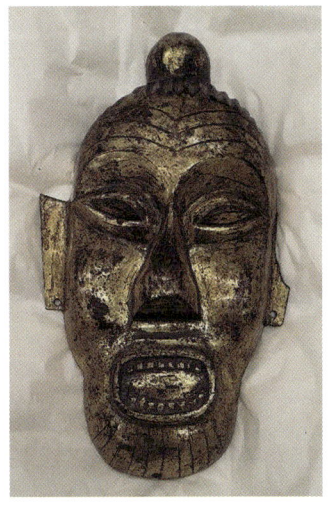

〈그림 1-1〉〈그림 1-2〉 조선총독부가 매수한 금동 가면(국립중앙박물관 소장, 필자 촬영)

목하게 들어가 있다. 머리는 머리카락을 가닥으로 꼬아 가지런히 정리하여 뒤로 넘겨 머리 윗부분에 둥글게 쪽진 형태이다. 이마에는 세 줄의 주름이 표현되었는데, 마치 갈매기 날개 같은 형태이다. 눈은 깊게 파서 눈두덩과 눈썹이 표현되었으며, 눈꼬리가 위로 치켜 올라가 마치 나뭇잎 같은 형태를 갖추고 있다. 눈동자는 약간 돌출되었는데, 눈 크기에 맞추어 가늘고 길다. 콧대는 오뚝하고 높고, 코끝은 방형으로 뭉툭하다. 안면에 광대뼈가 두드러지게 돌출되었으며, 입은 벌린 상태에서 위쪽에 8개, 아래쪽에 9개의 치아가 가지런히 나 있다. 윗니와 아랫니 사이는 약간 돌출되었으며, 혀를 내밀고 있다. 턱은 오목하게 들어가 얼굴에 비해 좁으며, 턱선은 둥글고, 아랫입술 아래에 9개의 실선으로 수염이 표현되었다. 귀는 폭이 좁은 사각형이며, 귀 끝이 날카롭게 올라가 있고, 양쪽 귓불에는 작은 구멍이 뚫려 있다. 머리 위쪽의 상투 끝과 턱 밑 중앙에도 작은 구멍이 하나씩 뚫려 있다.

가면 안쪽은 가공하지 않아 울퉁불퉁하며, 2점 모두 코 테두리 부분이 다른 부분과 다르게 반질반질하다. 이러한 특징이 제작 당시에 이루어진 것인지 혹은 후대에 사용 과정 중에 형성된 것인지는 알 수 없다. 내부에서 가장 눈에 띄는 부분은 두 눈 사이에 세로로 부착된 고리이다. 고리는 코 테두리와 마찬가지로 반질반질하게 문질러져 있는데, 가운데에 구멍이 뚫려 있다. 이 구멍은 가면을 고정하는 역할을 한 것으로 추정되는데, 착용하기 위한 것인지 물체에 고정하는 용도인지는 정확히 알 수 없다.

이문신이 발견하여 길림성박물원이 소장하고 있는 〈그림 2〉의 가면은 잔존 길이가 13.8센티미터이다. 머리 상단부 일부와 왼쪽 귀가 훼손되었고, 콧등과 귓불, 광대뼈 일부를 제외한 대부분은 도금이 떨어져 나갔다. 얼굴형은 전체적으로 길고 갸름하며 두개골 부분이 넓다. 이마 위쪽에는 원추형 상투가 달려 있었을 것으로 추정한다. 이마에는 세 줄의 굵은 선으로 주름이 표현되었는데, 중앙의 꺾임 부분이 부드럽게 표현되어 물결이 흐르는 모양을 하고 있다. 눈은 상단부가 일자형이고, 하단부는 위로 올라가 있어 전체적으로 유엽형柳葉形을 이루고 있으며, 날카로운 눈매를 하고 있다. 콧대는 높으며, 입은 방형으로 오른쪽이 약간 더 벌어져 있고, 윗니와 아랫니가 비교적 가지런하다. 턱은 오목하게 들어가 있으며, 턱선은 둥글다. 귀는 폭이 좁은 사각 형태로 상단은 뾰족하게 올라가 있고, 하단은 말각抹角으로 처리되었다.

〈그림 2〉 길림시 모아산 일대에서 수습된 금동 가면(길림성박물원 소장, 필자 촬영)

국립중앙박물관 소장품과 비교하면 전체적인 얼굴형은 비슷하나 상대적으로 이마가 넓게 표현되어 얼굴 상단부가 커 보인다. 상투와 머리카락의 형태는 훼손되어 확인하기 어렵고, 이마의 주름은 더 굵은 편이다. 눈의 윤곽은 도드라짐이 덜하며, 콧대 폭 역시 더 넓다. 입은 좁은 편이고, 치아도 덜 가지런하며, 혀의 표현에도 차이를 보인다. 턱에는 실선으로 표현된 수염 흔적이 확인되지 않으며, 귀는 폭이 좁은 편으로 상단부가 더 날카롭게 올라가 있고, 하단이 둥글게 처리된 점 등에서 차이가 있다.

여순박물관에 소장되어 있을 것으로 추정하는 〈그림 3〉의 금동 가면은 형태가 완형에 가까우며, 전체 길이는 17.9센티미터이다. 다만 전해지는 사진이 흑백이어서 도금의 탈락 상태는 확인할 수 없다. 얼굴형은 전체적으로 갸름하며 긴 형태를 이루고 있으나 국립중앙박물관 소장품이나 길림성박물원 소장품에 비해 턱선이 직각으로 꺾여 강한 인상을 준다. 머리는 머리카락을 가닥으로 꼬아서 뒤로 넘겨 둥글게 쪽진 형태를 하고 있다. 앞의 두 가면에 비해 가닥과 가닥 사이가 넓게 표현되었다. 이마 전체에는 세 줄의 얇고 긴 선으로 주름이 표현되어 있는데 갈매기 날개 모양이다. 눈은 돌출되고 눈꼬리가 치켜 올라가도록 표현하여 강인함을 강조하였다. 광대는 다른 가면에 비해 부드럽게 처리되었으며, 코는 방형으로 뭉툭하게 표현하여 국립중앙박물관 소장품과 유사하지만 세부적으로 더 가다듬은 흔적이 보인다. 입은 방형으로 벌어져 있으며, 위아래 각각 6개 정도의 치아가 표현되었는데 틈이 나 있다. 턱은 직각으로 꺾여 있으며, 다른 가면에 비해 턱선이 짧다. 아랫입술 아래에 7개의 실선으로 수염이 표현되었다. 귀는 폭이 좁은 사각형이지만 다른 가면에 비해 부드럽게 표현되었다. 귀 상단 끝은 올라가지 않고 부드럽게 곡선으로 처리되었고, 하단도 사선으로 이루어져 있으며, 양쪽 귓불에 구멍이 뚫려 있다.

현존하는 금동 가면의 양식을 종합해 보면, 길림성박물원 소장품과 국립중앙박물관 소장품은 비슷한 시기에 제작된 것임을 알 수 있다. 여순박물관 소장품의 경우 귀가 다른 가면에 비해 부드럽게 처리되었고, 전체적인 얼굴 윤곽 역시 잘 다듬어져 완성도가 가장 높은 편이다. 이러한 차이점이 시간적 흐름에 따른 형식 변화인지 혹은 제작 기법상의 차이인지는 향후 연구를 통해 밝혀야 할 점이다.

〈그림 3〉 여순박물관 소장품으로 추정하는 가면(김민구, 2014, 〈도 1〉 재인용)

3.
금동 가면은 어떻게 만들었을까?

　일반적으로 금속제 가면은 주로 주조 기법Bronze Casting과 타출 기법Chasing, Repousse으로 제작된다. 주조 기법은 금속을 가열하여 녹인 다음 원하는 형태의 거푸집mold에 부어 응고시키는 방법이며, 타출 기법은 금속판을 두드려 부조 무늬나 입체감을 표현하는 것이다.

　부여의 금동 가면은 주조 기법으로 제작되었다. 청동기 주조에는 크게 다섯 가지 방법이 사용된다. 첫째는 석제 거푸집에 직접 쇳물을 부어 주조하는 것으로, 비파형동검, 세형동검, 거친무늬거울, 잔무늬거울 등이 이 방법으로 제작되었다. 둘째는 석제 거푸집을 이용하여 정교한 형틀을 만들고, 밀랍으로 본을 떠서 토제 거푸집을 만들어 제작하는 방법이다. 다뉴세문경, 뚜껑 모양·동종 모양·대쪽 모양 청동기 등 비교적 정교한 청동기를 만들 수 있다. 셋째는 밀랍으로 원형을 만들고 표면에 흙을 발라 토제 거푸집을 만든 후 열을 가하여 밀랍을 녹여 낸 다음 그 속에 주조하는 것으로, 백제 금동향로, 불상 등이 이 방법으로 제작되었다. 넷째는 목형을 만들어 토제 거푸집을 찍어 내는 기술로 주조 철부나 환두대도(環頭大刀)의 환두를 제작하는 데 사용된다. 다섯째는 목형을 만들고 모래를 이용해 거푸집을 만들어 주조하는 방법으로, 철제 솥, 청동제 향로·주병 등을 제작하는 데 사용된다.

부여 금동 가면의 경우 실물에 대한 정교한 분석이 이루어지지 않아 제작 기법을 파악하는 데 어려움이 있다. 제작 방법을 엿볼 수 있는 청동 유물로는 대전 괴정동 유적, 예산 동서리 유적, 부여 합송리 유적 등에서 발견된 뚜껑 모양 동기(원개형 동기)가 있다. 뚜껑 모양 동기는 그릇의 뚜껑처럼 바깥쪽은 둥글고 안쪽은 오목한 형태로 제례 의식에 사용된 것으로 추정한다. 이 청동 의기는 토제 거푸집을 사용하여 낮은 온도에서 주조하여 제작된다. 즉, 나무 등으로 원형을 만들고 다시 흙으로 원형을 떠서 거푸집을 제작한 후 쇳물을 녹여 주조하거나 혹은 밀랍과 송진을 가공하여 원형을 만들고, 외면에 흙을 발라 형틀을 제작하여 불로 녹여 낸 후 거푸집에 쇳물을 붓는 방법도 사용된다.

  금동 가면은 뚜껑 모양 동기에 비해 훨씬 정교한 형태이지만 기본적으로 안쪽이 오목하게 들어가 있고 바깥쪽이 볼록하게 나온 부조로 제작된 점에서 제작 방법이 같다고 추정한다. 이를 토대로 제작 방법을 고찰해 보면, 먼저 나무 혹은 밀랍으로 가면의 원형을 만들고, 그 위에 흙으로 거푸집을 만든 후 쇳물을 부어 청동 가면을 제작하고, 다시 바깥쪽 표면에 황금을 칠해 금동 가면을 완성한 것으로 짐작할 수 있다.

4.

금동 가면은 어디에 사용했을까?

 괴기스러운 형태의 부여 금동 가면을 처음 접하면 대부분은 '이것을 어디에 사용했을까?' 하고 의문을 갖는다. 필자 역시 용도가 궁금하여 강연과 발표에서 청중에게 그 용도를 물어봤다. 제사 등의 의례에 사용되었을 것이라는 의견, 죽은 이의 얼굴에 씌운 가면이라는 의견, 축제에 사용했을 것이라는 의견 등 실로 다양했다.

 사람 얼굴 모양의 가면을 제작하는 것은 오래된 문화 현상으로 인류의 의식 세계와 미학적 관념에 대한 물질적 표현이라 할 수 있다. 가면의 사전적 의미는 얼굴을 감추거나 다르게 꾸미기 위해 흙, 금속, 종이, 나무 등 여러 가지 재료로 제작하여 얼굴에 쓰는 물건을 의미한다. 일반적으로 가면은 평면이 부조로 제작되어야 하고, 형태가 사람이나 짐승의 얼굴로 조영되어야 하며, 독립된 품위, 즉 분수나 격조가 있어야 한다. 또한 인류의 종교의식이나 미의식을 표현한 재현성, 모사성, 상징성 등이 포함되어야 한다. 구조적으로는 일반 가면, 반쪽 가면, 겹 가면, 삼층 가면 등으로 구분되며, 재료로는 가죽, 돌, 도자기, 나무, 대나무, 청동, 금, 은, 철, 옥, 삼베, 종이, 조개, 거북 껍질, 풀 등이 사용된다. 형태는 동물, 귀신, 영웅, 세속 인물 등으로 표현되고, 용도는 수렵, 전쟁, 무술巫術, 제사, 장례, 음악, 무용, 희극, 진택鎭宅, 장식용 및 각종 민속 활동에 사용된다.

우리나라에 전해 내려오는 가면은 일반적으로 신앙 가면과 예능 가면으로 나눌 수 있다. 신앙 가면이란 일정한 장소에 가면을 안치해 두고 그 가면에 제사 또는 고사를 지내거나 혹은 가면을 쓰고 악귀를 쫓아내는 데 사용하는 가면을 말한다. 예능 가면이란 연극이나 무용을 할 때 쓰는 가면을 말한다. 신앙 가면은 특정 장소에 안치해 두고 고사만을 지내는 신성神聖 가면과 악귀를 쫓아내기 위해 얼굴에 쓰는 구나驅儺 가면으로 구분한다. 신성 가면의 종류에는 광대시 가면, 창귀시 가면, 소미시 가면, 놋도리 가면, 장군 가면 등이 있고, 구나 가면에는 방상시 가면과 사자 가면 등이 있다. 예능 가면은 춤출 때 쓰는 무용 가면과 연극할 때 쓰는 연극 가면으로 구분한다. 무용 가면에는 처용무 가면이 있고, 연극 가면에는 산대 가면극, 해서 가면극, 야류, 오광대 가면극, 서낭신제 가면극 등에 사용되는 가면이 있다.

그렇다면 부여의 금동 가면은 어떤 용도로 사용하려고 제작한 것일까?

먼저 가면의 구조를 살펴보면, 〈그림 1〉의 국립중앙박물관 소장품인 가면의 경우 상투 끝과 턱 밑에 작은 구멍이 하나씩 나 있고, 양쪽 귓불에도 비슷한 크기의 구멍이 뚫려 있다. 이 구멍들은 가면을 쓰기 위해 끈을 묶는 용도로 사용했거나 혹은 어떤 물체에 부착하기 위해 만든 못 구멍일 가능성이 있다. 다만 가면 안쪽 눈 사이에 부착된 세로로 구멍이 뚫린 고리의 경우 가면을 고정하기 위한 것으로 추정하는데, 정확한 용도는 알 수 없다. 다만 내면의 코 주변과 눈 사이의 고리가 반질반질하게 문질러져 있어 빈번하게 착용한 흔적으로 볼 수 있다.

부여 금동 가면의 용도는 첫 번째, 신앙 가면으로 사용되었을 가능성이다. 『후한서後漢書』와 『삼국지三國志』에 "전쟁이 있으면 하늘에 제사를 지내고, 소를 죽여 발굽을 보아 길흉을 점친다"라는 기록이 있어, 부여에서는 하늘에 제사를 지내거나 길흉을 점치는 행위가 이루어졌음을 알 수 있다. 제사 집행자가 부여의 왕이었는지 혹은 제사를 주관하는 제사장이었는지는 자료 부족으로 정확히 파악할 수 없다. 다만 제사장이 하늘에 제사를 지내거나 길흉을 점칠 때 가면을 착용했을 가능성 혹은 제사 과정에서 일정한 장소에 걸어 놓고 신성 가면으로 사용하였을 가능성을 상정해 볼 수 있다. 구조적으로 금동 가면 위아래와 양옆에 구멍이 뚫려 있어 줄을 걸면 얼굴에 착용할 수 있으며, 나무 등의 물체에 못으로 박아 고정하는 것 역시 가능하다. 이와 관련하여 최근에 부여 왕성에서 제사 때 금동 가면을 사용했다는 견해가 제기되었다.

두 번째로는 예능 가면으로 사용되었을 가능성이다. 중국 한대漢代에는 백희百戲라 불리는 오락성 예술이 발달했다. 당시 백희 공연에서는 표현의 예술적 효과를 높이기 위해 가면을 많이 사용하였다. 예를 들면 한대 남양南陽 화상석畫像石에 그려진 투우, 격투 등의 각저角觝 장면, 악기 연주와 기예 장면 등에 표현된 인물들은 모두 가면을 쓰고 있다. 각저의 한 종류인 투우도

〈그림 4〉 한대 남양 화상석의 투우도[이진광(李陳廣), 1987, 〈도판 4-2〉 재인용]

에는 앞발을 앞으로 쭉 뻗고, 뒷발은 구부린 궁보영적弓步迎敵 자세로 소와 싸우는 장면을 묘사했는데, 머리에 쓴 가면은 둥근 눈, 높은 코, 벌어진 입 등 얼굴을 과장되게 돌출시켜 무섭고 험악하게 표현하여 용맹한 기세를 더욱 높였다.

이러한 백희 공연이 부여에서도 이루어졌는지는 정확히 알 수 없다. 다만 『후한서』의 "순제 영화 원년(136), 그 왕이 경사에 와서 입조하였다. 황제가 황문고취와 각저희를 열어 주고 보냈다 順帝永和元年, 其王來朝京師, 帝作黃門鼓吹角抵戱以遣之"는 기록을 통해 단서를 찾을 수 있다. 즉 부여에서는 한의 백희 공연을 이미 알고 있었기 때문에 영고 등의 국가적인 행사에서 백희와 유사한 공연을 벌였을 것이고, 공연에 참여한 연기자들이 금동 가면을 썼을 가능성도 추론해 볼 수 있다. 물론 가면의 형태는 한대 백희에 사용된 것과 차이가 있지만, 공연 형식은 그대로 모방하고, 가면 형태만 현지에 맞게 제작했을 수도 있다. 이러한 가정 역시 현재까지 부여에서 백희 공연이 이루어졌다는 것을 증명할 만한 문헌 및 고고학적 자료가 없기 때문에 가능성이 매우 낮다.

세 번째로는 무덤에 부장용으로 사용되었을 가능성이다. 금제 혹은 금동 가면을 무덤에 부장하는 일은 이미 청동기시대부터 시작되었다. 중국의 경우 상대商代 안양安陽 후가장侯家莊 1400호 무덤에서 출토된 청동 가면과 사천四川 광한廣漢 삼성퇴

三星堆 유적과 성도成都 금사金沙 유적에서 출토된 금제 가면 등을 통해 확인할 수 있다. 이러한 전통은 서주西周 시기에도 계속 이어졌는데, 북경北京 방산房山 유리하琉璃河 유적 1193호에서 청동 가면이 출토되어 그 실체를 증명해 주었다. 전국시대와 한대에 들어서는 매장되는 가면의 재질이 옥으로 변하였다. 이 시기 황제나 제후의 무덤에는 옥갑이 사용되었으며, 하나의 옥판에 얼굴 모양을 새기거나 혹은 여러 장의 옥편을 이어 붙여 얼굴을 덮었다.

동북 지역에서도 오래전부터 사자死者의 얼굴에 복면覆面을 씌우는 전통이 있었다. 청동기시대 서단산문화 유적인 길림 영길永吉 성성소星星哨 유적 D구역 11호 무덤에서는 사자의 얼굴을 덮은 모직물이 출토되었으며, 부여 선행 문화와 일정한 관계가 있는 흑룡강성黑龍江省 태래현泰來縣 평양전장平洋塼廠고분군 150호 무덤에서 녹송석주綠松石珠와 동관銅管, 동포銅泡를 이용하여 만든 복면이 출토되어 부여에서도 사자의 얼굴에 가면을 씌웠을 가능성은 다분하다.

부여의 대표적인 장례 풍속은 후장구상厚葬久喪이다. 기록에 의하면 부여에서는 장례를 오래 지내는 것을 영화롭게 여겨 길게는 다섯 달에 걸쳐 진행했다고 한다. 상중에는 남녀 모두 흰 옷을 입었으며, 반지나 패물은 착용하지 않았다. 무덤은 목곽을 주로 사용했고, 사람이나 동물을 함께 매장하는 순생殉牲 행위가 이루어졌으며, 왕이 죽으면 옥갑을 사용하였다.

비록 지금까지 부여 무덤에서 금동 가면이 출토된 예는 없었으나 길림성박물원에 소장된 금동 가면이 모아산 서쪽 사면에서 출토된 것으로 볼 때, 고분군 구역에 안장되었을 가능성이 매우 크다. 그러나 금동 가면이 무덤에 매납된 것인지, 제사 유구에서 출토된 것인지는 알 수 없다. 아울러 무덤에 부장되었다 하더라도 얼굴을 덮는 용도가 아닌 부장용 혹은 장식용이었을 수도 있다. 즉 부여 왕이 죽으면 옥갑을 사용했는데, 중원 지역 한 왕실의 무덤에서 출토된 옥갑을 예로 들면, 시신의 얼굴을 옥으로 제작한 복면으로 덮었기 때문에 부여 왕 역시 옥으로 제작된 복면을 덮었을 가능성이 크다. 부여와 밀접한 관련이 있는 것으로 판단되는 전연前燕 시기의 라마동喇嘛洞 고분군에서 부여의 금동 가면과 유사한 형태의 금동 가면이 부장품으로 매납되어 그 가능성을 더한다.

이상의 내용을 종합해 보면, 부여 금동 가면은 하늘에 제사를 지내거나 길흉을 점치는 행위에 사용된 후 왕과 귀족의 무덤 혹은 제사 관련 유구에 묻힌 것으로 추정해 볼 수 있다.

5.
금동 가면은 어디에서 왔나?

부여 금동 가면의 기원과 관련해서는 초보적인 연구가 진행된 바 있다. 김민구는 부여 금동 가면의 양식적 기원과 관련하여 중원 지역과 북방초원문화의 영향을 받았을 것으로 추정하였다. 즉 홍산문화 소조 인물상을 시작으로 역대 중원 왕조에서 출토된 인면 가면, 특히 상대 안양 후가장고분군 동쪽 구역 1400호에서 출토된 청동 가면의 모습이 부여 금동 가면과 유사하다는 점과 서주 시기 북경 유리하 유적 1193호에서 출토된 청동 가면을 예로 들어 중원 지역과의 관련성을 언급하였다. 또한 흉노의 휴도왕休屠王 등이 제천 행사에서 금인金人을 숭배했다는 내용과 적봉 일대에서 수집된 청동 가면을 근거로 북방초원문화의 영향도 언급하였다. 이 밖에 시베리아 암각화에 새겨진 인물상을 중심으로 실크로드 지역과 북방초원 지역에서 출토된 인면 관련 자료를 고조선·부여의 인물상과 비교하여 그 기원을 찾고자 하는 연구도 진행되었다.

부여 금동 가면의 기원은 두 가지 방향에서 단서를 찾을 수 있다. 하나는 형태적 특징의 기원이고, 다른 하나는 금동으로 제작하는 기법에 대한 기원이다. 먼저 형태적 기원에 대해 살펴보면, 선행 연구에서 밝힌 바와 같이 신석기시대 홍산문화 소조 인물상에서부터 중원의 다양한 청동 가면과 북방초원문화의 청동 가면에서 그 기원을 찾을 수 있다. 하지만 부여 금동 가면의 형태적 특징만을 놓고 보면 동북 지역 토착문화와 더욱 밀접한 연결 관계를 확인할 수 있다. 이와 관련하여 주목되는 것이 요녕성 요양박물관에 소장된 탑만촌 출토 청동부 거푸집에 새겨진 인면상이다.

거푸집은 합범合范으로 회백색 활석을 사용하여 내부에 선형 동부와 청동 끌을 새겨 놓았는데, 크기는 12.7센티미터, 너비는 7.6센티미터, 두께는 5센티미터이다. 한쪽 거푸집 바깥쪽에는 2개의 인물상이 양각되었는데, 모두 같은 형태로 위쪽은 크게, 아래쪽은 작게 표현했다. 얼굴 형태는 전체적으로 역삼각형에 뾰족한 턱을 이루고 있다. 머리는 세모 형태에 머리카락을 땋아서 올렸는데, 상투는 표현되어 있지 않다. 눈은 약간 치켜뜬 형태로 눈동자는 타원형으로 표현했으며, 양쪽 볼은 광대뼈가 볼록하게 튀어나와 있다. 코는 넓은 콧대에 비해 콧등이 좁고 낮으며, 입은 작고 간략하게 처리했다. 귀는 머리 부분에 가깝게 붙어 있는데, 오른쪽 귀가 좀 더 크게 표현되었다.

이 인물상을 부여 금동 가면과 비교해 보면, 청동 거푸집 인면상 머리에는 상투가 표현되어 있지 않고, 귀 형태가 원형이라는 점을 제외하면 금동 가면과 거의 일치한다. 이 거푸집 제작 연대는 대략 기원전 6세기~기원전 5세기 정가와자 단계로 거푸집에 새겨진 인물은 당시 요동 지역에 거주하던 고조선인과 밀접한 관련이 있을 것으로 추정한다. 즉, 인물상이 거푸집 제작 당시부터 의도적으로 표현된 점에서 청동 주조를 담당한 장인

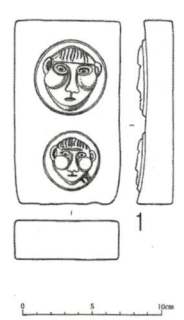

〈그림 5〉 요양 탑만촌에서 출토된 청동 거푸집 및 인면상 실측도(요양박물관, 필자 촬영)

들이 자신들의 주조를 신성시하고, 주술적인 의미로 고조선인이 숭배했던 대상을 새겨 넣은 것으로 볼 수 있다. 이렇게 고조선과 부여의 인물상이 유사한 점은 부여의 금동 가면 형태가 외래에서 유입된 것이 아니라 고조선문화를 계승하고 있음을 설명해 주고 있다. 이러한 인물상은 비단 고조선과 부여에서만 사용된 것이 아니라 아마도 동북 지역에 거주하던 예맥계 집단 대부분이 영위했을 것으로 추정하며, 그 모습은 당시 일반적인 사람의 형태를 약간 과장하여 표현한 것으로 볼 수 있다. 이러한 인물 형태는 부여 금동 가면뿐만 아니라 부여 모아산고분군에서 발견된 차할車轄과 고구려 집안 임강묘臨江墓에서 출토된 차할에서도 확인되어 후대에 전승되었음을 알 수 있다.

부여 금동 가면은 청동에 금을 입혀 제작했는데, 금을 사용하는 기원은 북방초원문화에서 찾을 수 있다. 당시 중원 지역은 대부분 옥으로 제작한 가면을 사용한 반면, 흉노 등 북방초원에 거주하던 종족 집단은 황금 혹은 청동에 금을 입혀 가면을 제작했다. 북방초원의 민족에게 황금은 시간이 지나도 변치 않는 영생불멸의 영험한 재료로 주로 신에게 제사를 지내거나 무덤 부장용으로 사용했다. 이러한 예는 몽골과 신강新疆에서 발견된 금제 혹은 금동제 유물을 통해 확인할 수 있다. 몽골 지역의 경우 다수의 흉노 무덤에서 다량의 금제 혹은 금동제 장신구가 출토되어 이를 설명해 주고 있다. 실크로드의 중심지인 신강 지역에서도 일부 무덤에서 금속제 가면이 출토되어 이를 입증해 주고 있다.

부여 초기의 물질문화에는 북방초원문화의 영향이 매우 강하게 나타난다. 일반적으로 부여가 출자한 지역을 눈강嫩江 하류 일대로 파악하는데, 이 지역에서는 일찍부터 서요하 유역 주민 집단과의 활발한 문화 교류가 이루어지고 있었다. 특히 기원전 3세기를 전후하여 서요하 유역에 거주하던 동호東胡가 흉노匈奴에 의해 와해되면서 유민 집단이 대거 대흥안령大興安嶺 동록을 따라 눈강 중하류 일대로 유입되면서 눈강 유역에 북방초원문화 요소가 스며들었다. 이러한 예는 눈강 중하류 유역의 대표적인 초기 철기시대 유적에서 확인할 수 있으며, 특히 평양平洋 고분군, 이극천二克淺고분군 등에서 금동 패식牌飾, 금제 귀걸이 등이 출토되어 당시 금을 사용하여 장식품을 제작한 사실을 알 수 있다. 이러한 전통이 부여의 금동 가면 제작에도 영향을 미쳤을 것으로 파악할 수 있다.

다만 제작 방법에서 북방초원 지역의 금제 가면이 주로 타출 기법이었다면, 부여 금동 가면은 거푸집을 이용한 주조 기법으로 차이를 보인다. 이는 부여 금동 가면이 현지의 주조 기술과 금을 사용하는 외래문화가 결합하여 제작된 것임을 알려 준다.

즉 동북 지역의 청동기 제작 기법을 그대로 활용하여 가면을 제작한 후에 신성성을 강조하는 북방초원문화의 영향으로 가면 전면에 금도금한 것으로 볼 수 있다.

6.

후대로의 전승

 부여 금동 가면의 전통이 후대로 전승되었는지를 살펴보기 위해서는 부여 멸망 이후 주변 국가에서 이와 유사한 유물이 출토되었는지를 확인해야 한다. 부여 멸망 이후 동북 지역에서 금속제 가면이 출토된 예는 전연의 라마동고분군과 요나라 왕실 무덤이 유일하다.

 라마동고분군은 요녕성遼寧省 북표시北票市 대릉하大凌河에서 1.2킬로미터 거리의 계절성 하천 주변 능선 사면에 있다. 1970년대에 처음 발견되었고, 1993~1998년 5년에 걸쳐 발굴이 이루어져 삼연三燕 시기 무덤 420기가 조사되었다. 무덤 대부분은 목관묘이고, 일부만 석관묘이다. 바로펴묻기(앙신직지仰

身直肢)에 일차장一次葬이 사용되었으며, 두향은 동쪽을 향하고 있다. 매납토 중에 일부 토기가 출토된 것을 제외하고 모두 목관 내에서 발견되었다. 부장품 안치에 일정한 규칙이 나타나는데 토기, 칠기, 환수철기 등은 머리 상부에, 무기류는 몸 양측에, 청동기는 흉부 아래에, 마구와 철제 용품은 발아래에 놓였다. 금동 가면은 대부분 목관 안에 안치되었는데, 출토된 20여 점 중 실제 관찰이 가능한 것은 13점에 불과하다. 금동 가면이 가장 많이 출토된 5호에서는 사자의 머리 부분 양측 벽면에서 발견되었는데, 동쪽에 5개, 서쪽에 3개가 흩어져 있었다. 이를 통해 삼연의 금동 가면은 하나의 관에 1개만 들어 있는 것이 아니라 많게는 5점 이상이 안장되었음을 알 수 있다.

금동 가면의 형태는 평면으로 구성된 것이 특징인데, 길이는 8~13센티미터 내외, 너비는 6~7센티미터 정도이다. 두께는 얇은 판으로 0.3~0.7센티미터 내외이며, 무게는 6~25그램까지 다양하다. 얼굴 형태는 위아래가 긴 타원형 혹은 역삼각형이며, 머리카락은 선으로 표현하였는데, 전체를 세로 방향으로 하거나 혹은 중앙에서 좌우로 줄을 그어 가르마를 갈랐다. 일부는 머리카락 전체가 가로 방향으로 표현되었다. 정수리 부분에 볼록하게 고리 모양으로 상투를 표현했으며, 눈, 코, 입 등은 돌출되었는데, 낮고 간략하게 표현되었다. 귀는 좁은 사각형으로 끝이

〈그림 6〉 북표 라마동고분군 출토 금동 가면(요녕성박물관, 필자 촬영)

뾰족하게 처리되었으나 크기는 일정하지 않다. 금동 가면 대부분은 머리 상부의 상투 부분과 턱 부분에 구멍이 뚫려 있다.

라마동고분군에서 출토된 금동 가면은 얼굴, 귀, 눈, 입 등의 표현 방식을 세분하여 4형 7식으로 구분하였다. 이 분류안에 따르면 17호와 10호 외에는 하나의 무덤에서는 한 형식의 가면만 확인되었으며, ⅠB1a-2형 두 점만 각각 다른 무덤에서 출토되었다.

금동 가면의 용도는 가면 상단과 하단에 대칭으로 뚫려 있는 구멍을 통해 추정해 볼 수 있다. 일부는 양쪽 귀에도 대칭으로 구멍이 뚫려 있는데, 가면을 고정하는 용도로 볼 수 있다. 대부분의 금동 가면이 관 내부의 피장자 머리 부근 양측 관 벽면에서 출토되어 머리와 흉부 부근의 양측 관 안쪽에 붙였던 도구로 추정할 수 있다. 아마도 시신에 여러 겹의 베를 두르고 마지막으로 얼굴을 덮을 때 베 양쪽 끝을 관에 고정하기 위해 사용했던 도구로 추정하는데, 충분히 가능성 있는 견해라 여겨진다.

삼연의 금동 가면은 부여의 금동 가면과 용도상 차이가 있으나 형태상으로는 매우 유사하다. 이러한 유사성은 라마동고분군 축조 집단과 밀접한 관련이 있다. 이 고분군은 무덤 구조와 출토 유물에서 기존의 선비 무덤과 분명한 차이를 보인다. 즉 관의 구조상 일반적인 선비 무덤은 머리 부분이 넓고, 다리 부분이 좁은 형태인 반면, 라마동고분군은 묘광과 목관 모두 전후가 똑같은 장방형 형태이다. 또한 선비 무덤에는 일반적으로 벽감이 설치되어 있는데, 라마동 무덤에서는 벽감이 확인되지 않는다. 부장 유물에서도 토기와 일부 철제 무기류, 마구 등에서는 선비문화의 전통이 확인되지만, 금동 가면과 일부 유물은 전혀 다른 계통으로 차이를 보인다.

특히 철제 병기와 함께 농경에 사용되는 철제 농공구가 다량 출토되어 당시 무덤을 사용한 집단이 부여와 마찬가지로 농경과 병역이 복합된 사회경제 형태를 유지하였음을 알 수 있다. 또한 매납토에 토기를 넣은 행위, 관 내부에 소금을 매납한 행위는 삼연문화에서는 찾기 어렵다. 출토된 유물 중에 귀걸이 형태 역시 부여 노하심고분군에서 출토된 것과 유사하다. 부분적인 화장이 이루어진 점, 무덤에서 출토된 인골의 인류학적 감정 결과 지금의 조선인과 가장 인접한 점 등을 고려하면, 이 무덤의 사용 집단이 부여와 밀접한 관련이 있음을 알 수 있다. 무덤 형태가 부여와 같고, 무덤 방향이 동북쪽으로 부여의 중심지인 길림시 일대를 향하는 점, 농경과 병역이 복합된 사회경제 형태와 매납토에 토기를 부장하거나 소굽을 매납하는 행위는 모두 부여의 전통을 계승한 것으로 볼 수 있다. 금동 가면 역시 부여의 전통이 라마동고분군까지 이어진 것으로 파악할 수 있다. 다만 용도상에서 약간의 변화가 발생하였다.

이 고분군의 연대는 전연이 가장 번영했던 3~4세기로 추정한다. 이 시기는 모용외慕容廆가 대릉하 유역으로 천도한 이후(289)부터 모용황慕容皝이 전연을 건립한 시기(337~370)이다. 당시 부여는 모용황의 공격(346)으로 국왕 현玄 이하 5만 명이 잡혀가는 붕괴 단계에 이르렀으며, 그 이후 급격히 쇠약해져 명맥만 유지하였다. 전연에 끌려간 부여 유민 집단은 점차 지역적 기반을 갖추었고, 부여 왕실과 귀족 계층은 전연의 고위 관리로 등용되었다. 이러한 역사적 상황을 고려하면 라마동고분군을 부여 유민 집단의 무덤으로 볼 수 있는 개연성이 충분하다.

삼연 이후 금동 가면의 전통은 요나라에서 다시 확인된다. 주로 요나라 왕과 왕실 무덤에서 출토되었는데, 1986년 내몽고內蒙古 내만기內曼旗 요나라 진국공주陳國公主 무덤에서 출토된 금제 가면 한 쌍이 대표적이다. 거란에서 사용된 금속제 가면은 황실과 귀족들이 사용했던 장례 물품의 하나로 종교적인 측면에서 샤머니즘과 밀접한 관련이 있으며, 지역에 따라 조형적 차이를 보인다. 일부에서는 이 가면들을 샤먼의 무당이 착용했던 것으로 파악한다. 즉, 요나라 건국 이후 하늘과 산, 다양한 신들에게 빈번하게 제사를 지냈는데, 이러한 제사는 통치 계층인 샤먼이 담당하였다. 당시에 금속제 가면은 샤먼의 무당만 착용할 수 있었으며, 이들은 사후에도 사람과 신을 이어 주는 대리인으로서 죽어서도 얼굴에 가면을 착용했던 것으로 추정한다. 이러한 가면은 동호, 오환, 선비, 거란 등 동호족 계통의 복면 전통으로 이어진 것이다.

다만, 요나라의 금제 가면과 부여의 금동 가면은 얼굴 형태와 제작 기법 등에서 많은 차이를 보이며, 시간적으로도 커다란 공백이 있어 현재로서는 양자 간의 계승 관계를 논하기에는 어려움이 있어 차후의 연구를 기대해 보도록 하겠다.

제2장 부여는 어떤 나라인가

1.

단군과 동명

　일반적으로 한국사 개설서에는 우리 역사가 선사시대를 거쳐 최초의 국가인 고조선에서 부여로 이어지며, 다시 고구려, 백제, 신라, 가야 등의 삼국시대와 통일신라·발해의 남북국시대를 거쳐 고려, 조선, 대한제국, 대한민국으로 이어지는 것으로 기술되어 있다. 아울러 단일민족의 역사임을 강조하여 각 시대별 계승성에 중점을 두고 있다.

　그러나 우리 민족이 단일민족이라고 한다면 하나의 시조를 모시는 것이 일반적이다. 단일민족에 의한 역사계승론에 입각하여 부여가 고조선을 계승했다면 당연히 부여의 시조 역시 단군이어야 마땅하다. 하지만 부여는 새로운 인물인 동명을 시조로 등장시키고 있다. 그렇다면 과연 '고조선과 부여는 같은 종족 계통으로 볼 수 있는가?'라는 문제의식과 더불어 '당시 부여 사람들은 고조선 계승 의식을 가지고 있었을까?'라는 의문이 생긴다.

이 문제를 풀기 위한 단초로 먼저 두 나라의 건국신화를 비교·분석해 보도록 하겠다. 신화라고 하는 것이 사실을 담보하는 것이 아니기 때문에 이를 전부 역사적 실체로 받아들이기에는 무리가 있다. 그러나 신화는 항상 실재$_{reality}$에 관여하기 때문에 역사로 간주하기도 한다.

먼저 단군신화의 내용을 정리해 보면 첫째, 환웅이 아버지 환인의 허락을 받고 하늘에서 태백산으로 내려와 신시를 세우고, 인간 세상을 다스렸다. 둘째, 곰과 호랑이가 사람이 되기를 원하였으나 곰만 여자로 변했다. 셋째, 웅녀와 환웅이 결혼하여 단군을 낳았다. 넷째, 단군이 평양성에 도읍을 정하고 조선이라 칭했다. 마지막으로 1,500년간 나라를 다스리다 아사달에서 산신이 된 내용으로 요약할 수 있다.

동명신화는 첫째, 북이 색리국(혹은 탁리국) 왕의 시비가 하늘에서 내려온 달걀 같은 기운을 받아 임신하여 아기를 낳았다. 둘째, 태어난 아기를 돼지우리와 마구간에 버렸지만 돼지와 말이 보호해 주었다. 셋째, 왕이 용맹하고 활 솜씨가 뛰어난 동명을 죽이려 하자 남쪽으로 달아났다. 넷째, 달아나는 과정에서 엄사수(혹은 엄호수)에 이르러 물고기와 자라가 도움을 주어 강을 건넜다. 마지막으로 부여에 이르러 나라를 세웠다는 내용이다.

두 신화를 비교해 보면 가장 큰 차이점은 단군신화의 경우 하늘에서 직접 내려온 환웅이 인간 세상을 다스리는 천손강림 신화이며, 동명신화는 하늘에서 달걀 모양의 기운이 하녀에게 내려와 태어난 감응설화라는 점이다. 이러한 차이점은 신화 발생의 시간적 차이에 의한 것인지, 혹은 종족적 계통이 다르기 때문에 나타난 결과인지 명확하게 파악할 수 없지만 초자연적 존재의 행위와 신성한 힘의 존재, 인간 활동의 모범을 보여 주는 신화적인 내용은 단군신화에 더 많이 담겨 있다.

동명신화와 같이 하늘과 감응하여 아이로 태어나는 신화 내용은 북방초원 지역에 거주하던 흉노와 선비의 설화에서도 찾아볼 수 있다. 대표적인 예로 선비족 최초의 영웅인 단석괴檀石槐의 출생 설화를 들 수 있다. 이 내용은 『삼국지』「오환선비동이전烏丸鮮卑東夷傳」, 『후한서』「오환선비전烏桓鮮卑傳」, 『위서魏書』「태무제기太武帝紀」 등에 기록되어 있는데, 내용을 요약해 보면 다음과 같다.

단석괴의 아버지 투록후投鹿侯가 3년 동안 전쟁에 나갔다가 집으로 돌아오니 아내가 아이를 낳아 기르고 있었다. 투록후가 아이를 죽이려 하니 아내가 말하기를 낮에 길을 가다 천둥소리가 들려 하늘을 보니 번개가 입에 들어와(혹은 번개가 치면서 우박이 내려) 이를 삼키자 임신이 되었다고 하였다. 투록후가 이를 믿지 않자 아내는 친정집에 아이를 보냈다. 아이는 기골이 장대하게 자라며 용맹하고 지략이 뛰어나 이름을 단석괴라 지었고, 부락이 그를 경외하고 복종해 마침내 부족장이 되었다.

이처럼 당시 북방초원 지역에서는 하늘의 빛 혹은 천둥, 번개, 우박 등에 감응해 아이를 낳는 감응신화가 유행하였다. 이는 부여의 문화적 출자가 어디인지를 보여 주는 단적인 예라 할 수 있다. 감응신화는 고구려의 주몽신화, 신라의 박혁거세신화, 가야의 김수로왕신화 등에도 나타나지만, 동명신화처럼 하늘의 감응을 받아 직접 아이로 태어나는 것이 아니라 하늘의 감응을 받은 알로 태어나는 난생신화로 바뀐 차이를 보인다. 즉 단군신화와 같은 천손강림신화가 가장 이른 시기에 등장하고, 이후 동명신화 단계의 감응신화, 그리고 주몽신화와 같은 난생신화로 발전하고 있다.

앞에서 살펴본 바와 같이 고조선과 부여의 건국신화는 계통을 달리하고 있다는 점에서 하나의 씨족 혹은 종족 집단의 건국신화로 보기에는 어려움이 있다. 또한 둘 사이의 직접적인 계승 관계를 설정하는 것 역시 무리가 따른다. 그렇다면 고조선과 부여는 전혀 계승 관계가 없었던 것일까? 이는 부여가 성립되는 시점인 기원전 3세기 말에서 기원전 2세기 초 동북아시아 정세를 통해 관련성을 찾아볼 수 있다.

그 당시 중국은 전국시대에서 진한시대로 교체되는 혼란스러운 상황이었고, 북방은 흉노에 의해 통일되는 시점이었다. 고조선의 경우 기원전 3세기대에 전국 연나라 장수 진개의 침입으로 타격을 받았으며, 이후 연의 멸망과 진말한초秦末漢初의 혼란기에는 연燕, 제齊, 조趙 등의 유민 집단이 이주해 왔다. 그중에는 옛 연나라 사람인 위만衛滿도 포함되어 있었는데, 그가 1천여 명을 이끌고 넘어오자 당시 고조선의 왕이었던 준準은 그를 박사博士로 임명하고 서쪽 변경을 지키게 했다. 이후 위만은 세력을 확장하여 한나라 군대의 내습을 핑계로 고조선의 수도인 왕검성을 공격하여 기원전 198년 전후 준왕을 몰아내고 위만조선을 세웠다.

부여의 도성이었던 길림시 일대는 서단산문화의 중심지였다. 학계에서는 서단산문화를 영유한 집단을 일반적으로 예濊족으로 파악하고 있다. 예족 집단과 관련하여 주목되는 것이 『사기』와 『한서』 등에 기록된 예군濊君 남려南閭이다. 준왕의 고조선

연맹체와 함께했던 예군 남려는 위만조선의 간섭을 피해 기원 전 128년에 28만 명을 데리고 한에 투항하였다. 한나라는 이에 창해군을 설치하여 이들을 관리하였다. 예군 남려와 위치에 대한 학계의 견해는 다양하다. 다만 당시 동북 지역에서 한 지역에 28만 명 정도의 사람들이 살 만한 곳은 서단산문화의 중심지였던 길림시 일대가 유일하다. 이는 『삼국지』 「부여조」의 기록을 통해서도 확인할 수 있다. 즉, "인장에는 '예왕지인濊王之印'이란 글귀가 있고, 나라 가운데 예성濊城이란 이름의 옛 성이 있으며, 이곳은 본래 예맥의 땅이었는데, 부여가 그 가운데에서 왕이 되었으므로, 스스로 망명해 온 사람이라고 말하는 것은 그럴 만한 까닭이 있는 듯하다"라는 내용을 통해 볼 때, 부여의 도성이 있었던 길림시 일대가 예군 혹은 예왕이 거주하던 지역이었음을 알 수 있다.

한은 이 지역에 창해군을 설치하였으나 나라를 피폐하게 하고 쓸모없는 땅이라는 이유로 3년 뒤에 폐지하였다. 예군 남려가 떠난 길림시 일대에 북이 색리국의 일부 세력 집단이 내려와 잔존해 있던 서단산문화 세력과 결합하여 부여를 세웠다. 이는 초기 부여의 고고학 문화에 기저 문화인 서단산문화와 눈강 유역의 한서2기문화가 혼재되어 있다는 점에서 확인할 수 있다.

이상의 내용을 통해 보면 고조선과 부여는 계통적으로 하나의 집단으로 보기 어렵다. 또한 예맥·조선이 동이로 지칭되는 반면, 부여의 출자인 색리국은 북이로 불리는 점에서도 계통적 차이를 확인할 수 있다. 다만 두 계통 모두 이夷라는 명칭으로 불리고 있다는 점에서 범汎동이계에 포함된다고 할 수 있다. 이는 앞서 제1장의 부여 금동 가면에서 살펴본 바와 같이 고조선인과 부여인은 모두 머리에 상투를 틀고 있다는 점에서도 그 동질성을 확인할 수 있다.

그렇다면 부여가 고조선을 계승하였다는 인식은 언제부터 시작된 것일까?

이러한 인식은 고려 후기 이승휴의 『제왕운기』와 일연의 『삼국유사』에서 처음 나타난다. 이승휴는 동부여, 북부여뿐만 아니라 남옥저, 북옥저까지 모두 단군의 후손이라 인식하였고, 『삼국유사』는 「단군기檀君記」를 인용하여 부여의 왕 해부루解夫婁는 단군의 아들이라고 기록하였다. 조선시대에도 단군이 낳은 해부루가 북부여를 세우고, 금와가 동부여를 세웠으며, 주몽과 온조가 고구려와 백제의 시조이기 때문에 모두 단군에 근본을 둔다는 기록이 지속되고 있다. 즉, 부여의 고조선 계승 의식은 단군을 시조로 하거나 고조선을 최초의 국가로 인식하였던 고려 후기에 탄생한 것으로 볼 수 있다.

2.

부여 시조 동명의 고향은 어디일까?

 신화에서는 동명의 출자를 북이 색리국으로 적고 있다. 신화의 내용을 모두 신뢰하기는 어렵지만, 동북 지역의 경우 북쪽에 거주하던 세력 집단이 점차 남진하여 정착하거나 나라를 세운 예가 자주 확인된다. 부여 멸망 이후 북류송화강 일대로 남하하여 정착한 물길을 비롯하여, 발해 멸망 이후의 흑수말갈과 후세의 금나라·청나라 역시 남쪽으로 내려와 나라를 세웠다.
 그렇다면 북이 색리국의 위치는 어디였을까?
 학계에서는 일반적으로 눈강 하류의 조원肇源·대안大安 일대 혹은 동류송화강 중류의 빈현賓縣 일대로 비정하고 있다. 눈강과 동류송화강 주변으로 넓게 펼쳐진 충적평원지대를 송눈평원

松嫩平原이라 부른다. 송눈평원의 젖줄인 눈강은 대흥안령 북단에서 발원하여 남류하다가 길림성 백성시白城市 일원에서 동쪽으로 방향을 꺾고, 송원시松原市 일대에서 북류송화강(혹은 제2송화강)과 합류하면서 동류송화강이라 불린다. 이후 삼강평원三江平原 일대에 이르러 흑룡강黑龍江에 합수된다. 이 지역은 강과 지류 주변으로 드넓은 평원과 곳곳에 호수와 습지가 형성되어 있어 사람들이 생활하기에 적합한 자연환경을 갖추고 있다. 이로 인해 이 일대에는 선사시대부터 사람들이 살아온 흔적이 곳곳에 많이 남아 있다.

 동류송화강 중류 빈현 일대를 색리국의 중심지로 비정하는 견해의 중심에는 경화성지慶華城址가 있다. 왕면후王綿厚는 이 성을 북이 색리국의 왕성으로 비정하였다. 그는 동명이 건넌 엄사수를 랍림하拉林河로 보고, 이 강을 건너 길림시 일대에 도착한 후 부여를 건국하였다는 설을 제기하였다. 왕우랑王禹浪은 경화성지를 부여의 초도로 파악하였다. 북이 색리국의 중심지를 동류송화강 북안의 흑룡강성 파언巴彦 왕팔발자王八脖子 유적 일대로 비정하고, 동명이 이곳에서 동류송화강을 건너 빈현 경화성지에 이르러 부여를 건국하였으며, 이후 부여의 국가체제가 안정되자 다시 길림시 일대로 옮겨 전기 왕성을 건립한 것으로 보았다.

빈현 일대가 다시 한번 학계의 주목을 받게 된 것은 2006년 색리구索離溝 유적이 조사되면서부터다. 이 유적은 흑룡강성 빈현 만정진滿井鎭 복가구자둔卜家口子屯 동북쪽으로 약 1킬로미터 떨어진 노복가대산老卜家大山 구릉 사면에 위치한다. 유적에서는 주거지 3기와 200여 점의 유물이 출토되었다. 주거지는 모두 방형의 수혈식으로 2기는 초기 철기시대, 1기는 말갈의 동인문화同仁文化 단계에 해당한다. 초기 철기시대 주거지에서는 홍의도紅衣陶와 채도彩陶를 특징으로 하는 관罐, 호壺, 두형토기豆形土器, 완碗, 증甑, 력鬲, 배杯, 충盅 등의 토기가 출토되었다. 이 주거지는 경화성지에서 조사된 주거지와 구조, 형식, 출토 유물 등에서 모두 일치해 같은 문화유형에 해당한다.

색리구 유적 발굴로 기존의 '색리국 왕성설'과 '부여 초기 도성설'은 비판에 직면하게 된다. 색리구 유적 발굴에 직접 참여한 이연철李延鐵과 우건화于建華는 유적의 문화 내용 분석과 주변 문화와의 비교를 통해 두 견해를 조목조목 비판하였다. 왕면후의 주장에 대해서는 주거지는 비록 그 연대가 초기 철기시대에 해당하지만, 성벽이 2호 주거지를 파괴하고 있어 성벽의 축조 연대는 동한 초 혹은 더 늦은 시기로 볼 수 있어 색리국의 왕성이 될 수 없다고 반박하였다. 왕우량의 주장에 대해서는 북이 색리국의 왕성지로 비정한 왕팔발자 유적과 부여 초기 왕성인 경화성지의 거리가 40킬로미터 정도에 불과해 비록 동류송화강을 사이에 두고 있지만 너무 인접해 있다는 점과 주거지의 문화 내용이 색리구 유적과 동일하고 성벽의 축조 연대가 부여 건국 시점보다 늦다는 점에서 부여 초기 도성설을 부정하였다.

더불어 이 유적을 색리인이 남겨 놓은 흔적으로 보고 이 일대가 색리인의 활동 중심지였을 것이라는 견해를 제기하였다. 그 근거로 첫째, 토기의 기형과 형식 분류를 통해 서단산문화의 영향이 강하게 나타나고 있어 이 유형의 유적을 범예맥문화권에 포함할 수 있다는 점, 둘째, 현지인들 역시 이 일대를 색리인이 살았던 곳으로 인식하고 있다는 점, 셋째, 색리구 주변의 동류송화강 양안에서 같은 문화 유적이 다수 확인된다는 점 등을 들었다. 또한 이 중 일부가 남하하여 부여를 건립한 것으로 보았으며, 당시 색리국은 부락연합체 혹은 부락연맹 단계였기 때문에 왕성이 존재하지 않을 것이라는 견해를 제기하였다.

장벽파張碧波·장홍안庄鴻雁은 경화성지 내부에서 조사된 장대지를 제단으로 파악하고, 이곳에서 생활한 색리인들은 중국 고대 구이九夷 중의 하나인 색가이索家夷로 보아야 한다는 주장을 펴고 있다. 즉, 장대지에서 출토된 토기, 골각기, 짐승 모양의 토제 인형 등을 모두 제사와 관련된 유물로 판단하였으며, 색리索離를 음운학적으로 해석하여 중국 고대 구이九夷 중 하나인 색가이로 비정하였다. 이 밖에도 동명신화의 난생 요소를 상족商族의 '현조생상玄鳥生商'과 연결시켜 색리국의 역사와 문화가 중원 지역의 주민 이동 혹은 중원문화의 영향에 의해 형성된 것으로 파악하였다.

최근에 교양喬梁은 기원전 4~3세기 중원 세력의 동북 지역 진출로 인해 포자연문화 세력이 빈현 일대로 이동하였다는 견해를 제기하였다. 그는 경화성지와 색리구 유적에서 출토된 토기를 형식학적으로 분석하여 문화적 독자성을 밝혀내고 경화문화慶華文化라 부를 것을 주장하면서 그 분포 범위를 빈현 일대의 동류송화강 이남에서 랍림하 이북으로 한정하고, 연대는 한대漢代로 규정하였다. 또한 경화문화의 문화 내용이 포자연문화 혹은 형가점 북산 유적과 밀접한 관련이 있는 점에 착안하여 기원전 4~3세기 연·진·한 세력이 동북 지역으로 진출하면서 길림성 지역에 거주하던 포자연문화 세력이 빈현 일대로 밀려난 것으로 파악하였다. 그러면서 동명의 남하 기록은 신화로 전해져 오는 이야기일 뿐이며, 고고학적인 근거가 없으므로 향후 연구에서 배제해야 한다고 주장했다.

필자도 경화성지와 관련된 연구를 진행한 바 있다. 필자는 경화성지를 부여 북동쪽의 지방 주요 거점성으로 파악하였다. 즉, 경화성지가 성내의 주거지에 비해 늦게 축조되었다는 점, 후대의 말갈 계통 유물이 거의 확인되지 않는다는 점 등을 들어 읍루 혹은 물길과의 교류·군사·행정을 담당했던 부여 북동쪽의 중진성으로 비정하였다. 경화성지 주변에서 확인되는 보루형 성곽의 경우 읍루 혹은 물길의 남하를 막기 위한 전초기지 역할을 담당했던 것으로 보았다.

눈강 하류 일대설은 학계의 주류에 해당한다. 흑룡강성의 일부 학자들은 눈강 하류 '부유현富裕縣'을 북이 색리국의 중심지로 비정한다. 그들은 부유현의 중국어 발음인 'fuyu'가 부여 발음과 같은 점, 'fuyu'라는 이름이 부유현 주변을 흐르는 오유이하烏裕爾河에서 유래했다는 점, 부여의 중심지는 길림시 일대가 아닌 눈강 하류와 동류송화강 상류 일대라는 점, 부여 멸망 이후에는 부여 유민들이 세운 두막루豆莫婁의 중심지가 이곳이라는 점을 근거로 제시하고 있다.

일찍이 우리 학계에서도 눈강 하류 유역을 부여의 기원지로 가장 많이 비정하고 있다. 그러나 지금까지 조사된 유적이 소수에 불과하고, 발표된 자료 역시 부실한 관계로 부여의 기원과 관련하여 직접적으로 연결 짓기에는 어려움이 있다. 이에 필자는 부여 초기 문화에 나타나는 북방초원문화 요소가 어떻게 동북 지역으로 유입되어 부여로 연결되는지를 확인할 수 있다면 부여의 문화적 기원을 밝힐 수 있는 단서를 찾을 수 있다고 생각하였다. 이를 위해 먼저 눈강 유역의 선사시대부터 기원전·후 시기까지 문화적 변화 추이와 주변과의 교류 양상을 파악해 봄으로써 부여 문화의 기원을 추적해 보도록 하겠다.

눈강 하류는 자연 지리적으로 동북의 북서쪽에 치우쳐 있으며, 북쪽은 소흥안령, 서쪽은 대흥안령으로 가로막혀 일찍부터 독립된 문화구가 형성되었던 지역이다. 신석기시대 앙앙계문화昻昻溪文化를 시작으로, 청동기시대 소랍합문화小拉合文化와 백금보문화白金寶文化, 초기 철기시대의 한서2기문화漢書二期文化까지 독자적인 문화 계보를 갖추고 있다. 다만, 서남쪽의 서요하 유역과는 대흥안령 동록의 평원지대를 따라 이른 시기부터 문화 교류 양상이 확인된다. 신석기시대의 경우 요서 지역의 홍산문화와 눈강 유역의 앙앙계문화에서 출토된 옥기의 형태와 제작 기법 등이 일치한다는 점에서 두 지역 간의 교류를 확인할 수 있다. 그러나 이른 시기 청동기문화에서는 두 지역 간의 문화적 교류 양상이 확인되지 않는데, 이는 아마도 홍산문화가 쇠퇴하면서 옥을 숭상하는 전통적인 사상이 점차 소멸하고, 옥과 관련된 문화 현상 역시 유행이 지나면서 교류도 자연스럽게 단절된 것으로 볼 수 있다.

두 지역 간의 교류 양상은 기원전 10세기를 전후한 시점에서 다시 확인된다. 당시 요서 지역에서는 하가점상층문화가 성행하고 있었고, 눈강 유역은 백금보문화 단계에 해당하였다. 두 지역 간의 문화 교류는 토기를 통해서 확인할 수 있다. 즉 백금보문화 토기는 표면에 승문과 비점문을 비롯하여 다양한 문양이 장식된 통복력筒腹鬲, 통형관筒形罐, 절복발折腹鉢, 단이배單耳杯 등으로 대표된다. 이 중 통복력의 경우 요서 지역 하가점상층문화에서 발견되는 구연 바깥쪽이 겹입술이고, 직복에 대족이 직립된 실족근으로 이루어진 통복력과 매우 유사하다는 점에서 두 지역 간의 문화적 교류를 확인할 수 있다.

기원전 6~5세기경 이 지역 문화 내용에도 새로운 변화가 나타난다. 즉, 기존의 백금보문화가 점차 쇠퇴하고 한서2기문화가 이를 계승하였다. 이 시기에 들어서면 주거지의 규모가 점차 작아지고, 문양이 장식된 토기를 대신하여 홍의도紅衣陶가 그 자리를 차지한다. 대표 기종인 역鬲은 호壺로 대체되었고, 기대器臺, 주형기舟形器 등 새로운 기종이 출현하였다.

이러한 토착적인 문화 요소의 변화와 더불어 이 시기에 들어서면 기존의 문화 내용에서 볼 수 없었던 이질적인 문화 요소가 새롭게 출현한다. 이를 대표하는 유물이 바로 이극천二克淺고분군, 대고퇴大古堆고분군, 고륵천庫勒淺고분군, 평양묘장平洋墓葬 전창磚廠고분군 등에서 출토된 동물문 청동 패식靑銅牌飾이다. 다만 동일한 유형의 패식이 오르도스 지역과 장성 이북 일대의

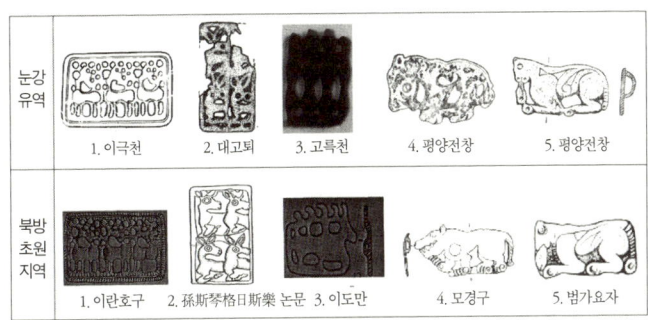

〈그림 7〉 눈강 유역과 북방초원 지역 패식 비교(축척 다름)

이란호구二蘭虎溝고분군, 이도만二道灣고분군, 모경구毛慶溝고분군, 범가요자范家窯子고분군 등에서도 다수 출토되고 있다.

당시 이런 패식이 유행하던 오르도스 지역과 장성 이북 일대 및 서요하 유역은 산융과 동호 등 북방초원의 유목 민족이 생활하던 지역이었다. 이들은 주변으로 빠르게 세력을 확장해 가면서 북방초원문화를 전파하였다. 그로 인해 지리적으로 인접한 눈강 유역에도 북방초원문화 요소가 새롭게 유입된 것으로 파악된다. 이러한 문화 유입은 북방초원계 유목민 집단의 이주라기보다는 기존의 토착문화를 영유하던 집단이 서요하 유역의 북방초원계 집단과 교류하는 과정에서 유입된 것으로 볼 수 있다.

기원전 4세기경에 들어서면 눈강 유역에는 한서2기문화가 안정적으로 정착된다. 이 시기에 들어 이차장二次葬의 비율이 높아지며, 전기 무덤에서는 별로 보이지 않던 홍의가 칠해진 직경호直頸壺와 왜경호矮頸壺, 소삼족기小三足器, 기좌器座 등이 늘어난다. 청동기 역시 전기 무덤에서는 보이지 않던 동모銅矛, 동분銅錛, 삼익三翼과 쌍익雙翼 청동 화살촉, 동령銅鈴 등이 출현하고 있으며, 철기도 처음 등장한다. 순생 동물 역시 전기 무덤에서는 확인되지 않던 양과 돼지 등이 매장되었다. 이 시기의 문화 내용을 분석해 보면 쌍익 혹은 삼익의 청동 화살촉과 구멍이 뚫린 동령에서 북방문화 요소가 일부 확인되는 것을 제외하면 대부분 이 지역을 대표하는 한서2기문화 요소로 채워져 있다.

기원전 3세기 후반에 들어서면 중기와는 차별화되는 새로운 문화 요소들이 대거 등장하면서 또 한번의 변화가 나타난다. 극소수의 무덤을 제외하고 대부분 다인이차장이 사용되었으며, 많지는 않지만 화수피 등을 이용한 화장 흔적도 확인된다. 또한 다양한 종류의 철기가 매납되었다.

토기는 홍의를 채색한 호가 주를 이루지만, 압형호鴨形壺와 삼족수형기三足獸形器가 새롭게

〈그림 8〉 평양 전창고분군에서 출토된 압형호(평양 묘장 보고서 〈도판 2〉 재인용)

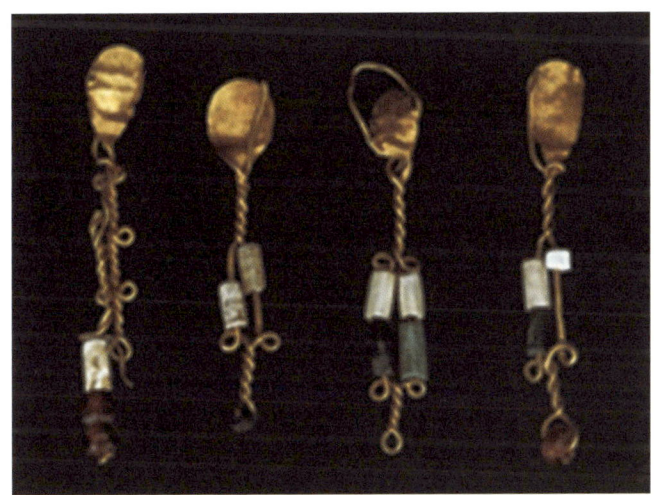

〈그림 9〉 서차구고분군에서 출토된 금제 귀걸이

출현한다. 다음은 금실로 매듭을 엮어서 만든 귀걸이를 들 수 있다. 이러 종류의 귀걸이는 북방초원문화와의 교류를 확인할 수 있는 대표적인 유물로 평양 전창고분군과 홍륭산興隆山고분에서 출토되었다. 같은 형태의 귀걸이가 요령성 서풍현西豊縣 서차구西岔溝고분군에서도 출토되었는데 형태는 매듭이 없는 것부터 2개 혹은 4개까지 다양하다.

앞에서 살펴본 바와 같이 기원전 3세기경 동북 지역에서는 문화적으로 다양한 변화가 일어났다. 역사적으로도 중국은 진한 교체의 혼란기였고, 북방초원 지역은 흉노와 동호가 세력을 다투고 있었으며, 동쪽에서는 위만이 고조선의 왕위를 찬탈하여 위만조선을 건립한 시기였다. 눈강 유역의 문화 변이 역시 이러한 역사적 상황과 무관하지 않다.

가장 먼저 살펴볼 사건은 기원전 209년에 발생한 흉노 묵특 선우의 동호 정벌이다. 이 전쟁으로 동호는 궤멸되어 한 갈래는 오환산烏丸山 주변으로 이동하여 오환족이 되었고, 다른 한 갈래는 선비산鮮卑山 주변으로 이동하여 선비족이 되었다. 오환산의 위치에 대해서는 서요하 상류의 아노과이심기阿魯科爾沁旗 오란합달산烏蘭哈達山으로 보는 견해, 요령성 서풍 서차구 유적으로 보는 견해 등이 있으며, 선비의 경우 모용선비는 대흥안령 중부의 한산罕山 일대로, 탁발선비는 대흥안령 북부의 알선동嘎仙洞 유적 일대로 비정된다.

당시 서요하 상류 일대에 거주하던 동호는 흉노의 침입으로 흩어져 일부가 북쪽으로 이동하였다. 이로 인해 기존의 한서2기 문화를 영유하던 눈강 유역에도 동호 계통의 집단이 유입되었을 가능성이 매우 크다. 그러나 유이민 집단의 규모는 그리 크지 않았던 것으로 추정된다. 이 시기 눈강 유역에 북방문화 요소가 대량으로 유입되지만 큰 틀에서의 문화 변동, 즉 묘제와 매장 양상의 변화, 새로운 토기 형식의 출현 등 동호계통 집단의 유입으로 인한 커다란 문화 내용상의 변화는 나타나지 않기 때문이다. 이는 기존에 눈강 유역에 거주하던 세력 집단이 이 시기에 들어서도 전통적인 토착문화를 유지해 가면서 주변에서 유입된 새로운 문화 요소를 결합하여 한 단계 더 발전시켜 나간 것으로 이해할 수 있다. 즉 이 시기에도 눈강 유역의 문화 주체는 여전히 한서2기문화인이었다. 이러한 문화적 기반은 이후 색리국 왕자였던 동명이 남하하여 부여를 건국하면서 부여 문화에 북방문화 요소가 깊게 자리하게 된 배경이 되었고, 그 결과가 부여를 대표하는 유적인 노하심고분군에 반영되어 나타나고 있다.

〈그림 10〉 후투목알 유적 전경

종합해 보면, 문헌에는 색리국을 북이로 기록하고 있는데, 이는 당시 중원 왕조가 색리국을 이夷에 속하는 종족의 한 계통으로 인식하고 있었으며, 더불어 이들이 중국의 동쪽이 아닌 북쪽에 살았기 때문에 북이라는 명칭을 붙인 것으로 판단된다. 현재 북이 색리국의 위치에 대해서는 눈강 하류설, 왕팔발자 유적설, 경화성지설 등이 제기된다. 부여 성립 당시의 국제 정세와 송눈평원 지역의 문화적 변화 양상을 종합적으로 검토해 보면 색리국의 소재지는 눈강 하류 일대로 보는 것이 타당하다. 최근 한서漢書 유적이 위치한 대안 월량호月亮湖 부근에서 후투목알后套木嘎 유적 등 다수의 한서2기문화 유적이 조사되고 있어 머지않아 한서2기문화와 부여 문화의 계승 관계가 명확히 밝혀질 것으로 기대한다.

3.

부여 땅은 얼마나 넓었을까?

현대적 개념의 국가 구성 요소는 영토·국민·주권을 들 수 있다. 그러나 이러한 개념을 고대 국가에도 적용할 수 있는지는 의문이다. 사실 고대의 정치체는 생활문화적 공동체라 할 수 있다. 이들 생활문화적 공동체가 정치·군사적인 힘에 의해 공간적 변천을 거듭하고, 자연환경에 따라 형성된 생활문화 권역이 점차 선線, 즉 경계의 개념으로 발전하면서 국가로 성장하게 된다. 이처럼 고대 국가에 있어서 강역의 의미는 자연환경에 따른 생활문화권역이라 할 수 있다. 시간을 거슬러 올라갈수록 이러한 개념은 더욱 강해지며, 특히 우리 역사에서 중앙집권적 고대 국가로 발전하기 이전의 정치체인 고조선, 부여, 삼한 등의 경우 이러한 생활문화권역을 중심으로 강역을 설정하는 것이 바람직하다.

부여의 강역에 대해서는 『후한서』, 『삼국지』, 『진서』 등에 기록이 남아 있다. 『후한서』에서는 "부여는 현토玄菟 북쪽 1천 리에 있다. 남쪽으로는 고구려, 동쪽으로는 읍루, 서쪽으로는 선비와 접해 있으며, 북에는 약수弱水가 흐르고 있다. 땅은 사방 2천 리인데 본래 예濊의 땅이었다"라고 적고 있다. 『삼국지』에서는 『후한서』와 같은 내용에 "부여는 장성 북쪽에 위치하며… 산릉山陵과 넓은 못이 많은 곳이다"라는 표현이 부가되었다. 『진서』에서는 "부여국은… 남으로는 선비와 접하고, 북쪽에는 약수가 있다"라고 하여 남쪽 경계에 고구려 대신 선비가 등장하는 것이 다를 뿐이다. 『후한서』와 『삼국지』의 서술이 거의 일치하는 것으로 보아 후한과 위진남북조대까지 부여의 강역에 큰 변동이 없었음을 알 수 있다. 다만, 『진서』의 남으로 선비와 접하고 있다는 내용으로 보아 3세기 이후 부여의 서남쪽에 선비가 진출해 있음을 확인할 수 있다. 기록 중에 현토에서 북쪽으로 1천 리 거리에 부여가 있다는 내용은 부여의 왕성이 이곳에 위치한다는 의미로 파악되며, 약수는 강의 명칭으로 이해하고 있다. 따라서 부여의 강역은 중심지를 어디로 비정하는가와 약수의 위치에 따라 크게 달라질 수밖에 없다.

부여의 강역을 연구하는 학자들에게 이 문헌 기록은 기본 텍스트이다. 그러나 이 기록은 부여가 가장 강성했던 기원전·후부터 3세기대에 해당한다는 점에서 부여 성립 초기부터 멸망까지의 전체 강역 범위를 설명해 주지는 않는다. 또한 당시 강역의 의미가 선에 의한 경계라기보다는 자연 지형과 생활문화권에 따른 구분에 가깝다는 점에서 지금과 같은 경계 혹은 국경으로 보기에는 어려움이 있다.

부여 강역과 왕성에 대한 고증은 청대淸代부터 시작된다. 1777년 청 건륭제가 편찬한 『만주원류고滿洲源流考』에서는 요녕성 개원시開原市 이북의 1천여 리 땅을 부여의 강역으로 설정하고, 왕성은 철령시 동북쪽의 금산金山으로 비정하였다. 정겸丁謙은 부여의 강역 범위를 지금의 길림 서쪽, 즉 장춘長春, 쌍성雙城, 오상五常, 빈주賓州 및 백도눌伯都訥, 아륵초극阿勒楚克 일대로 설정하고, 중심지는 농안 일대로 비정하였다. 김육불金毓黻 역시 『동북통사東北通史』에서 농안 중심설을 주장하고 있다. 전사년傅斯年은 『동북사강東北史綱』에서 부여의 강역 범위를 장춘, 농안, 부여 등지를 모두 포함하는 것으로 설정하고, '동이 지역에서 가장 평탄한 곳於東夷之域最平敞'은 눈강 하류의 송눈평원 일대로 보았고, '산릉과 호수가 많은 곳多山陵廣澤者'은 길림성 중부의 산악지대와 소흥안령 남쪽의 저습지로 파악하였다. 이문신李文信은 1940년대에 길림시 외곽의 용담산과 동단산 일대를 조사하고 수습된 자료를 토대로 이 지역이 부여의 중심지일 가능성을 제시하였다.

1980년대 들어 부여 강역에 대한 논의가 다시 활발하게 진행되는데, 그 중심에는 호룬평원설呼嫩平原說을 주장한 장박천張博泉과 송눈평원설松嫩平原說을 주장한 이건재李建才가 있다. 장박천은 부여의 강역 범위를 남으로 지금의 눈강과 동류송화강 이북의 호룬평원呼嫩平原과 송눈평원 일부로 비정하였으며, 중심지는 지금의 흑룡강성 극동현克東縣으로 보았다. 호룬평원은 대흥안령 동록과 소흥안령 남록과 서록 사이의 드넓은 평원지대를 지칭하며, 또한 남계는 장광재령 서쪽에 인접한 랍림하 및 눈강 하류의 동서 선상이며, 서계는 대흥안령 동록, 북쪽의 약수는 흑룡강으로 비정하였다. 더불어 기존의 길림시와 농안현은 모두 부여의 강역 범위에 포함되지 않는 것으로 보았다. 이 설은 이후 삼강三江, 왕우랑王禹浪, 이언군李彦君, 정니나程尼娜, 양군楊軍 등의 수정·보완을 거쳐 지금까지 계승되고 있다.

송눈평원설을 주장한 이건재는 부여의 중심지를 지금의 길림시 일대의 북류송화강 중류 유역으로 설정하고, 남쪽은 혼강과 휘발하輝發河 상류의 분수령 일대까지로, 약수는 동류송화강으로 보고 지금의 흑룡강성 경내의 통하通河 이서의 동류송화강

〈그림 11〉 부여 강역 범위 추정도

서쪽 구간까지로, 동쪽은 장광재령, 서쪽은 지금의 길림성 서부 배성지구로 파악하였다. 그의 주장은 길림시 일대에서 부여 관련 고고학 자료가 발굴됨에 따라 다수 학자의 지지를 받게 되었고, 주류 학설로 자리 잡게 되었다. 이 밖에도 부랑운傅朗雲과 양양楊晹의 경우 부여 동계를 송화강 연안, 서쪽은 심양 일대, 남쪽은 압록강 일대, 북쪽으로는 흑룡강성과 내몽고 일원을 포함하는 동북 지역 대부분을 부여 강역으로 설정하였다. 이덕산李德山과 란범欒凡은 부여를 산동 지역의 동이 부락에서 기원한 것으로 파악하였으며, 세력 범위를 동쪽은 장광재령, 서쪽은 조아하

洮兒河와 호림하呼林河 하류, 남쪽은 휘발하 일선, 북쪽은 흑룡강성 중남부 지역까지로 파악하였다.

한국의 경우 노태돈, 박경철, 송호정, 필자를 비롯해 대부분의 학자가 송눈평원설을 따르고 있다. 다만 필자는 부여의 강역을 시기별로 구분하여 범위를 설정하고 있다. 부여가 성립되는 기원전 3~2세기 초는 북류송화강 중류 일대로 한정하고, 기원전·후부터 3세기경까지는 송눈평원뿐만 아니라 그 주변 지역까지 영향력을 행사한 것으로 파악하였다. 그러나 285년과 346년 모용선비의 침입으로 국가 붕괴 단계의 타격을 입은 후로는 세력 범위가 서사근연西徙近燕 이후의 후기 왕성 주변으로 대폭 축소된 것으로 보았다.

북한의 경우는 『조선단대사』에 부여의 강역을 자세히 서술하고 있다. 다만, 부여사를 바라보는 시각은 한국·중국·일본과 확연한 차이를 보인다. 즉 부여 역사를 고대부여와 후부여로 구분하여, 노예제 사회인 고대부여는 기원전 15세기경 성립되어 기원전 2세기경까지, 봉건농노제 사회인 후부여는 기원전 2세기경부터 494년까지 존속했으며, 중심지는 모두 길림시 일대로 파악하였다. 고대부여의 강역 범위는 동쪽은 목단강 하류 일대, 서쪽은 서요하에서 조알하에 이르는 계선, 남쪽은 휘발하 중하류 두도강頭道江 중상류까지, 북쪽은 소흥안령과 눈강 중류에 이르는 선으로 잡았다. 후부여의 강역 범위는 모용선비의 침입에 따라 약간의 차이를 보이나 대략 동쪽은 목릉하木凌河 북쪽에서 연해주 해안 일대까지, 서쪽은 서요하 하류에서 눈강 상류 일대까지, 북변은 흑룡강, 남변은 개원開原-서풍西豊-이통伊通-길림-돈화敦化-왕청汪淸-영안寧安에 이르는 선으로 보았다. 그러나 이러한 강역 설정은 역사 기록의 자의적 해석이 너무 지나치다는 점에서 논리적 근거가 매우 빈약하다.

부여는 늦어도 기원전 2세기 초에 성립되어 494년 왕과 처자가 고구려에 투항하기 전까지 700여 년의 역사를 이어 온 고대 국가이다. 700여 년의 긴 존속 기간 동안 부여가 시종일관 동일한 강역을 유지했을 가능성은 매우 낮다. 그렇다면 부여 강역이 시대별로 어떻게 변화했는지 살펴볼 필요가 있다.

부여 성립 초기 중심지에 대해서는 길림시 일대설, 대흥안령 중단 동록설, 경화고성설 등이 있다. 길림시 일대설은 기원전 2세기 초 눈강 하류 유역에 위치한 북이 색리국의 왕자 동명이 세력을 이끌고 예의 고지인 길림시 일대에 도읍을 정하고 부여를 건국하였다는 견해이다. 대흥안령 중단 동록설은 양군이 제기하였는데, 연의 북쪽에 오환과 부여가 있다는 기록을 전제로 당시 오환이 대흥안령 남단과 서요하 상류 일대에 분포하고 있었기 때문에 당연히 부여의 중심지는 오환의 북쪽인 대흥안령 중단의 동록이며, 당시의 동쪽 경계는 눈강 하류 일대, 남쪽은 작이하綽爾河 유역, 북쪽은 달감하達甘河 유역까지로 설정하였다. 이후 기원전 188~128년 사이에 길림시 일대로 이동하여 전기 왕성을 건립한 것으로 파악하였다. 경화고성설은 앞에서 다룬 바와 같이 동명이 탈출한 북이 색리국 소재지를 파언 왕팔발자 유적으로 보고, 동류송화강을 건너 경화성지에서 부여를 건국하였다고 보는 견해이다.

부여 성립 초기의 중심지와 강역 범위는 『사기』와 『한서漢書』의 기록을 통해 추정할 수 있다. 부여 명칭이 문헌 기록에 처음 등장하는 『사기』 「화식열전」에는 "夫燕… 北鄰烏桓,夫餘"라 적혀 있고, 『한서』 「지리지」에는 "上谷… 北隙烏丸,夫餘"라고 기록되어 있어 연의 북쪽으로 인접해 오환과 부여가 위치해 있음을 알 수 있다. 당시에는 중국과 거리상으로 가까운 순서부터 먼저 기록한다는 점을 감안하면, 연의 북쪽에 오환이 위치하고, 오환 북쪽에 다시 부여가 자리했을 가능성이 높다.

위의 내용을 그대로 신뢰한다면 오환의 위치가 어디인지를 밝혀내면 당연히 부여의 위치도 파악할 수 있게 된다. 오환의 위치를 파악하려면 당시 서한의 동북쪽 강역 범위를 살펴볼 필요가 있다. 108년 위만조선이 한에 정복되기 이전까지 한과 위만조선의 경계는 천산산맥 동록 일대였다. 이는 한대 만리장성이 법고 일대의 요하 서안에서 끝난다는 점에서도 확인할 수 있다. 오환이 주로 장성 이북에 거주하였다는 기록을 감안하면 장성의 북쪽에 위치한 서풍 서차구고분군과 동료 채람고분군이 주목된다. 이들 유적에서는 북방초원 계통의 문화 요소가 다량 확인된다. 과거 이 고분을 조영한 집단에 대해서 흉노설, 오환설, 선비설, 부여설 등 다양한 견해가 제기되었다. 초기에는 북방초원 계통 문화 요소만 중점적으로 강조하다 보니, 조영 집단을 흉노, 오환, 선비 등 북방초원 계통의 종족으로 보는 견해가 우세하였으나, 후에는 부여의 지방 세력으로 보는 견해가 주를 이루다가, 최근 서차구고분군에 대한 발굴보고서가 새로 작성되면서 사용 주체를 오환으로 파악하고 있다.

자료를 종합해 보면, 오환산은 장성 이북의 길료분수령吉遼分水嶺 일대로 비정할 수 있으며, 오환인들은 서풍과 동풍 등 그 주변 일대에 거주하던 사람들을 가리키는 것으로 이해할 수 있다. 그렇다면 초기 부여의 중심지는 그 북쪽에 위치한 길림시 일대로 비정할 수 있다. 고고학적으로도 당시 길림시 일대에서는 청동기문화인 서단산문화가 점차 소멸하고 새로운 초기 철기문화인 포자연문화가 성립되고 있다는 점도 이를 뒷받침한다. 이상의 내용을 통해 볼 때, 부여 성립 초기의 중심지는 길림시 일대이며, 강역 범위는 북류송화강 중류 일대를 크게 벗어나지 않았던 것으로 볼 수 있다.

부여의 전성기인 기원전·후부터 3세기까지의 강역 범위는 『후한서』와 『삼국지』 기록으로 대략적인 범위를 비정할 수 있다. 그러나 이 역시 정확한 지명을 통해 경계를 설명한 부분은 북쪽의 약수에 불과하며, 대부분은 일정 집단과 접해 있다고 설명하고 있어 정확한 경계를 획정하는 데 어려움이 있다. 또한 부여의 통치 지배 방식이 간접 지배 형태의 느슨한 연맹체제라는 점에서도 선으로 강역을 획정하기는 어렵다.

현재 전성기 부여의 강역 범위에 대해서는 앞에서 살펴본 바와 같이 호룬평원설과 송눈평원설로 압축할 수 있다. 호룬평원설의 경우 중심지인 극동현 일대에서 지금까지 부여 관련 유적·유물이 발견된 예가 없다. 이는 아마도 장박천이 호룬평원설을 주장하는 과정에서 편의상 호룬평원 중앙에 위치한 극동현을 중심지로 비정한 것이 아닌가 생각된다. 또한 필자가 직접 호룬평원 일대를 답사한 결과 명확하게 부여의 물질문화로 파악할 수 있는 유적·유물은 확인되지 않았다. 심지어 고대의 문화 유적이 발견되지 않은 지역도 있었다. 이는 이 지역의 자연 환경이 사람들이 생활하기에 적합하지 않은 저습지로 이루어져 있기 때문으로 판단된다. 또한 문헌에 부여는 "현토군에서 1천 리 거리에 있다"고 기록되어 있는데, 당시 현토군의 중심지인 심양·무순 일대에서 극동현은 거리상으로 근 3천여 리에 이른다는 점에서도 부합하지 않는다.

　지금까지의 발굴조사 결과와 연구 성과를 종합적으로 검토해 보면, 전성기 부여의 중심지 역시 길림시 일대로 보는 것이 타당하다. 당시 부여는 길림시 일대를 중심으로 동쪽으로는 읍루, 서쪽으로는 선비, 남쪽으로는 고구려, 북쪽으로는 약수에 접해 있었다. 동쪽 읍루와의 경계는 일반적으로 장광재령을 기준으로 보고 있다. 고고학적으로도 장광재령을 기준으로 송눈평원 일대와 삼강평원 일대의 고고학 문화와 상이하게 구별되는 점에서 타당한 견해라 생각한다.

　서쪽은 선비와 경계를 이루는데, 대흥안령 동록까지 드넓은 평원이 펼쳐져 있어 경계를 설정하기에 어려움이 있다. 다만 전형적인 선비 계통 유적인 후토목後土木고분이 북류송화강과 눈강이 합류하는 지점에서 발견되는데, 이 유적은 지금까지 발견된 선비 유적 중 가장 동쪽에서 확인된 예이다. 이곳을 기준으로 그 이서에서만 선비 무덤이 발견되는 점에서 전성기 부여와 선비의 경계를 대략 짐작할 수 있다. 또한 그 남쪽으로 송료 분수령 일대까지 드넓은 평원이 펼쳐져 있어 경계를 나누는 데 어려움이 있다. 부여 서남쪽의 경계는 장성이 끝나는 법고현 일대인 요하를 경계로 그 이북 지역, 즉 지금의 개원시 일대로 볼 수 있다.

남쪽은 고구려와 접해 있는데, 그 경계에 대해서는 길림합달령으로 보는 견해, 휘발하 유역으로 보는 견해, 용강산으로 보는 견해로 구분된다. 물론 시간적 추이에 따라 경계선은 변화가 있을 것으로 추정되나, 자연 지형과 문화적 양상을 통해 볼 때, 부여의 전성기 남쪽 경계는 용강산으로 보는 것이 타당하다. 즉 용강산을 경계로 휘발하 유역과 혼강 유역이 구분되며, 문화적으로도 휘발하 유역에서는 고인돌·대석개묘 등의 묘제가 사용된 반면, 혼강 유역에서는 적석묘 계통이 사용되었으며, 토기 및 기타 유물 양상도 차이를 보이고 있다.

이와 관련하여 『삼국사기』의 고구려 초기 기록도 참고할 만하다. 고구려 대무신왕大武神王 5년(22)에 부여는 고구려와 남쪽 경계의 진펄지대에서 큰 싸움을 벌였다. 당시 싸움이 벌어진 부여 남쪽의 진펄지대는 부여와 고구려의 경계를 설정하는 데 있어 매우 중요한 단서를 제공한다. 부여와 고구려의 경계 지점에 비교적 넓은 평원과 습지, 즉 진펄이 형성된 곳은 휘발하 유역이 유일하다. 일통하一統河·이통하二統河·삼통하三統河가 합류하여 휘발하를 이루는 휘남현 일대에는 넓은 평지와 함께 곳곳에 습지가 형성되어 있다. 전쟁 당시 이 지역은 부여의 남쪽에 해당하며 부여 강역 범위에 포함된다. 비록 전쟁에서 왕이 전사하였으나 고구려군을 물리쳤다는 점에서 이후에도 부여의 강역 범위 안에 포함되었을 것이다. 이 밖에도 유리왕琉璃王 14년(기원전 6)에 고구려가 학반령에서 부여의 침입을 물리쳤다. 학위의 내용을 참고하면 학반령은 휘발하 남쪽의 어느 산으로 볼 수 있으며, 지형 조건을 고려하면 휘남과 통화의 경계를 이루는 용강산으로 비정할 수 있다. 이러한 점들을 모두 고려하면 부여 전성기의 남쪽 경계는 용강산으로 설정할 수 있다.

마지막으로 북쪽 경계인 약수를 어느 강으로 볼 것인가에 대한 문제이다. 약수의 위치에 대해서는 일찍부터 많은 연구가 진행되었으며, 현재는 크게 동류송화강으로 보는 견해와 흑룡강으로 보는 견해로 구분할 수 있다. 약수를 처음 흑룡강으로 비정한 이는 시라토리 구라키치白鳥庫吉였다. 그는 『진서』「숙신씨肅慎氏」조의 "북쪽은 약수를 끝으로 한다北極弱水"라는 기록과 "그 땅의 경계는 폭과 길이가 수천 리에 이른다其土界廣袤數千里"라는 내용을 토대로 숙신씨 북쪽 경계까지 이어지는 강은 흑룡강뿐이기 때문에 약수라 주장하였다. 이 견해는 이후 중국에서 호룬평원설을 주장하는 학자들에 의해 계승되었다. 그러나 학계에서는 일반적으로 약수를 동류송화강으로 비정하고 있다. 다만 동류송화강 이북 지역의 문화 내용이 남쪽 유역과 동일하다는 점에서 강안 이북 지역의 일정 범위까지는 부여의 세력 범위 안에 포함시킬 수 있다. 그러나 앞에서도 설명하였듯이 강 유역을 벗어난 저습지 일대는 인구가 희소한 지역이었으므로 부여 입장에서는 지배권을 행사하는 것이 무의미했을 것이다.

기원전·후부터 3세기까지 전성기를 구가하던 부여는 285년 선비 모용외의 침입을 받았다. 그 결과 왕성이 함락되어 왕이 자살하고, 왕실의 자제는 북옥저로 피신하였으며, 1만여 명이 포로로 잡혀가는 타격을 입었다. 345년에는 백제의 침략을 받아 서쪽 전연 근처로 도성을 옮기는 서사근연西徙近燕이 이루어지고, 그다음 해에 방어시설을 제대로 갖추지 못한 상황에서 전연 모용황의 침입으로 부여왕 현玄 이하 5만 명이 포로로 잡혀갔다. 학계에서는 일반적으로 345년 백제의 침입으로 서사근연한 지역을 후기 도성으로 비정한다. 다만 346년에 왕 이하 5만이 끌려가는 타격은 국가 멸망에 가까운 사건이기 때문에 이 당시에 이미 부여가 멸망한 것으로 파악하는 학자들도 있다. 그러나 5세기까지 부여 관련 기록이 보이고 있어 494년에 부여의 왕과 처자가 고구려에 투항하기 전까지는 존속했던 것으로 볼 수 있다.

현재 부여의 후기 도성으로 유수 노하심, 농안고성, 장춘 관성자寬城子고성, 사평 일면성, 창도 사면성, 개원 일대, 서풍 성자산산성, 요원 일대, 유하 나통산성 등이 비정되고 있으나 지금까지 이를 입증할 만한 고고학적 자료는 찾지 못하였다. 『자치통감』의 서사근연 기록을 신뢰한다면 부여가 옮긴 후기 도성은 이듬해 전연의 공격으로 파괴되었을 가능성이 매우 높다. 또한 이후 나라를 복국復國하였다는 기록도 전하지 않고 있어 후기 도성은 당시에 폐기되어 재사용되지 않았던 것으로 추정된다.

346년 모용황 공격 이후의 부여에 대해서도 새로운 관점에서 해석해 볼 필요가 있다. 즉, 346년 모용황의 공격으로 부여왕이 잡혀가자 제가諸加들이 새로운 왕을 옹립했을 가능성이다. 이는 부여의 정치 구조가 중앙은 왕의 지배하에 있었지만, 지방은 사출도四出道를 중심으로 제가들이 다스리는 간접 지배 방식을 취하고 있었다는 점과 적자가 없을 경우 왕위 옹립에 있어 제가들의 의견이 중요했다는 점 등에서 그 근거를 찾을 수 있다. 즉, 부여왕 현이 전연에 잡혀가자 남은 제가들이 모여 새로운 왕을 옹립함으로써 부여가 존속될 수 있었다.

그렇다면 새로운 왕이 다스린 부여의 강역 범위는 어디까지이며, 최후의 중심지는 어디일까? 전성기 부여의 강역 범위 내의 문화권은 대략 5개 권역으로 구분된다. 첫째는 부여 왕성이 위치한 길림시 일대이며, 두 번째는 흑룡강성 빈현 경화고성을 중심으로 한 권역, 세 번째는 휘발하 유역을 중심으로 한 권역, 네 번째는 유수·덕혜·농안·송원 등을 중심으로 한 북류송화강 하류권역, 다섯 번째는 사평·개원 일대를 중심으로 하는 권역이다. 물론 생활문화권과 정치 세력의 강역 범위가 정확하게 일치하는 것은 아니다. 그렇다 하더라도 연맹체 수준의 국가 단계에서는 각 연맹체의 문화적 독자성이 매우 강하기 때문에 지역 간의 정체성을 어느 정도는 확인할 수 있다.

이 5개의 문화권역은 부여 국가 통치체제와도 연결된다. 즉 부여는 왕이 직접 다스리던 중앙과 마가馬加, 우가牛加, 저가豬加, 구가狗加 등의 제가가 다스리던 사출도로 구분되는데, 이는 흉노나 고구려에서 보이는 5부제와 유사하다. 즉 왕이 직접 지배하는 도성을 중심으로 사방으로 뻗은 교통로가 형성되어 있고, 주요 교통로에는 가加들이 다스리는 거점 도시가 형성되어 있음을 알 수 있다. 5개 권역 중 길림시 일대는 왕이 직접 다스린 직할지로 볼 수 있으며, 나머지 4개 권역은 사출도와 연결할 수 있다. 이 중 부여 전기 왕성 소재지인 길림시 일대와 전연에 인접한 사평·개원 일대의 연맹체는 346년 전연의 침입으로 괴멸 단계에 이르렀다. 이는 3세기 이후 길림시 일대에서 부여 관련 유적이 거의 발견되지 않는다는 점에서 그 근거를 찾을 수 있다. 휘발하 유역의 연맹체 역시 410년 광개토태왕의 침입으로 고구려에 복속된다. 그렇다면 북류송화강 하류와 빈현 일대 연맹체만 남게 되는데, 빈현 일대 세력은 3세기 중엽부터 읍루와

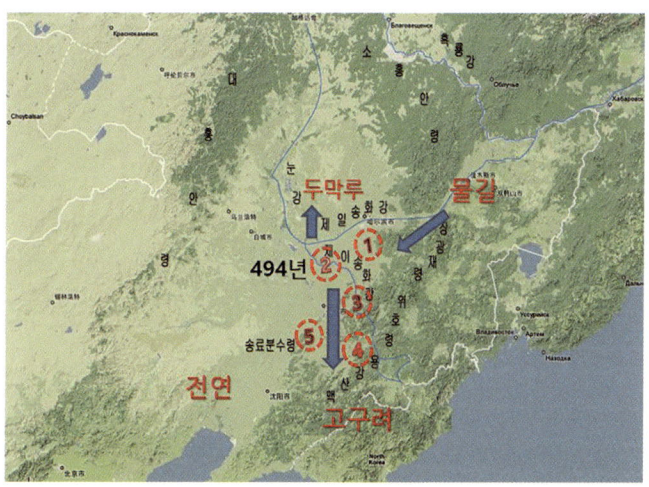

〈그림 12〉 부여 생활문화권 및 쇠퇴기 세력 변동 현황
① 빈현 일대 문화권 ② 유수 노하심 유적 일대 문화권 ③ 길림시 일대 문화권
④ 휘발하 유역 문화권 ⑤ 사평·개원 일대 문화권

물길의 남하가 이루어지고 있어 지속적으로 세력을 유지하기 어려웠을 것으로 추정된다. 결국 북류송화강 하류에 거주하던 집단이 최후까지 남아 부여로서 존속했을 가능성이 크다. 그러나 계속되는 물길의 압박으로 494년 왕과 처자가 고구려에 투항한다. 이로 인해 이 지역에 부여 관련 지명과 유례가 가장 많이 남게 되었으며, 일부 세력은 동류송화강을 건너 두막루국을 세웠다.

4.

부여의 길

 부여는 700여 년에 이르는 긴 시간 동안 주변의 많은 국가 혹은 세력 집단들과 활발한 대외 교류를 하였다. 부여의 주요 교류 대상으로는 중국의 경우 한漢·위魏·진晉 왕조가 있고, 동북 지역 내에서는 읍루, 물길, 옥저, 고구려 등이 있으며, 북방 지역의 경우 모용선비가 세운 전연이 있다. 부여는 이 나라들과 밀접한 관계를 형성하였다.

 주변국과 대외 교류를 하려면 반드시 필요한 것이 교통로이다. 고대 국가의 교통로를 파악하기 위해서는 많은 점을 고려해야 한다. 우선 관련 유적과 유물에 대한 분석을 통해 당시 사람들이 주로 이용하였을 것으로 추정되는 회랑回廊을 확인해야 하며, 계곡과 강 등에 대한 자연과학적인 지형 분석을 통해 교통로로 이용되었을 가능성이 있는 모든 노선을 파악해야 한다. 더불어 과거 교통로와 현재 교통로를 비교·분석하고, 위성 지도를 통해 입체적으로 분석한다면 고대 교통로의 복원이 어느 정도는 가능하리라 생각된다.

먼저 부여와 중국 왕조 간의 교류 현황과 이에 이용된 교통로를 살펴보도록 하겠다. 부여가 중국 문헌에 처음 등장한 것은 전한 시기이다. 『사기』의 기록을 보면 사마천은 당시 부여의 존재를 파악하고 있었다. 그러나 이 기록으로는 당시 부여가 오환 주변에 있었다는 사실만 확인할 수 있을 뿐 부여와 전한 사이에 직접적인 교류가 있었는지는 확인할 수 없다. 당시 부여와 한 사이에는 흉노와 위만조선이라는 강력한 세력이 존재하고 있었기 때문에 두 나라 간의 직접적인 교류는 어려웠을 것으로 판단된다. 양자 간의 직접적인 교류는 아마도 한 무제의 위만조선 정벌 이후에 시작되었을 것이다. 전한 시기에 부여와의 교류가 이루어지고 있었다는 사실은 왕망王莽이 신新을 세우고 주변국의 인수印綬를 교체할 당시 부여가 포함되었다는 기록을 통해 확인할 수 있다.

양국은 후한 시기에 접어들며 직접적이고 우호적인 관계로 발전하는데, 이는 후한을 건립한 광무제가 제융祭肜을 요동태수로 보내 동북 지역의 여러 나라와 관계 개선에 나선 결과였다. 부여와 후한의 교류는 49년에 처음 이루어진다. 당시 부여가 사신을 보내자 광무제는 매년 왕래할 수 있도록 조치하였다. 이후 부여는 후한이 멸망하기 전까지 120년, 136년, 161년 등 세 차례에 걸쳐 사신을 파견하였다.

그렇다면 후한과의 교류에 이용했던 대중국 교통로는 어떤 루트였을까?

이를 확인하기 위해서는 부여와 요동 지역에 있던 한 군현들과의 관계를 살펴보아야 한다. 먼저 현토군과의 교류 관계를 살펴보면, 121~122년에 고구려·마한·예맥 연합군이 현토성을 침입하자 부여는 왕자 위구태尉仇台를 보내 도와주었다. 그뿐만 아니라 역대 부여 왕이 죽으면 현토군에서 옥갑을 가져와 사용하였다. 이렇듯 후한과의 교류는 초기 현토군을 통해 이루어졌다. 현토군은 기원전 107년에 처음 세워졌는데 기원전 75년에 요녕성 신빈현新賓縣 영릉남성지永陵南城址로 치소를 옮겼다. 이후 고구려의 압박으로 106년에 다시 서쪽으로 이동하였는데, 당시 치소의 위치는 무순撫順 혼하 남쪽의 노동공원勞動公園 토성 혹은 심양 상백관上佰官 성지 등으로 비정되고 있다. 기원전 107~75년까지 32년간 존속했던 제1현토군 치소는 그 위치 비정에 다양한 이견이 존재하고, 문헌 기록에도 당시 양국 간의 교류를 확인할 수 있는 자료가 없으므로 논의에서 제외하겠다. 부여와 후한 간에 본격적인 교류가 이루어진 기원전·후한 시기에는 현토군의 치소가 신빈 영릉남성지 일대로 옮겨 온 이후였고, 부여와 후한의 교류가 가장 빈번하게 이루어진 2세기대에 현토군은 치소를 무순 혹은 심양 일대로 옮겼다.

현토군의 두 번째와 세 번째 치소가 모두 지금의 요녕성 무순시 일대에 자리하고 있어, 당시 부여와 현토군의 교통로는 길림시에서 무순 일대로 연결되는 경로임을 알 수 있다. 길림시에서 무순으로 가려면 길림합달령과 길료분수령이라는 큰 산맥을 넘어야 하므로 교통로는 주로 수계를 따라 연결된다. 이 루트는 일찍부터 부여에서 중원으로 통하는 주요 교통로로 사용되었으며, 근현대까지도 가장 많이 이용된 경로였다.

이동 경로를 세부적으로 살펴보면, 부여 왕성의 소재지인 길림시 동단산 일대를 출발하여 남서쪽으로 북류송화강을 건넌 후 오리하五里河를 따라 남쪽으로 내려와 영길현永吉縣에 이르고, 여기서 서쪽으로 오리하의 지류를 거슬러 올라가 길림합달령을 넘으면 연통산진煙筒山鎭에 이른다. 연통산진에서 남쪽으로 내려와 반석시磐石市와 휘남현輝南縣을 지나 휘발하輝發河 상류를 거슬러 올라가면 매하구시梅河口市에 이른다. 어지는 비교적 평탄한 평원지대를 지난다. 휘발하와 혼하가 동서로 갈라져 발원하는 길료분수령을 넘으면 혼하를 따라 청원만족자치현淸原滿族自治縣을 거쳐 무순에 이르는 노선이다. 이 노선은 현재 202번 도로로 사용되고 있다.

현토군을 통해 중원과 교류를 이어 오던 부여는 현토군과의 관계가 좋지 않을 때는 그 교류 대상을 요동군으로 교체하였다. 즉, 167년 부여왕 부태夫台가 2만여 명의 군사를 이끌고 현토군을 침략했다는 기록, 헌제獻帝 재위(189~220년) 당시 한에 자신의 교류 대상을 현토군에서 요동군으로 바꿔 달라고 요구한 기록 등으로 요동군과도 직접적인 교류가 이루어졌음을 알 수 있다.

요동군의 치소인 양평襄平은 지금의 요녕성 요양시遼陽市로 길림시에서 요양으로 갈 수 있는 노선은 두 가지 경로를 생각해 볼 수 있다. 하나는 길림시에서 출발하여 북류송화강을 건너 지대를 따라 차로하진岔路河鎭을 거쳐 쌍양雙陽, 이통伊通을 지나 남쪽으로 내려와 요원遼源을 거쳐 길료분수령을 넘고 다시 서풍西豊과 개원開原을 지나 남쪽으로 철령鐵嶺·심양沈陽을 지나 요양에 이르는 노선이다. 이 노선상에서 기원전 3~2세기에 해당하는 동료현東遼縣 석역石驛 유적, 서풍 서차구西岔溝 유적, 개원 구태九台 유적 등이 확인되고 있어 한 이전 시기부터 교통로가 개설되었을 가능성이 높다.

다른 하나는 대흑산산맥大黑山山脈과 길림합달령 사이의 회랑을 이용하는 경로이다. 길림시에서 이통까지 앞의 경로와 같이 이동한 후, 남쪽의 요원으로 방향을 틀지 않고 서남쪽으로 직진하여 두 산맥 사이의 회랑에 위치한 소고산진小孤山鎭, 석령진石嶺鎭, 엽혁진葉赫鎭, 연화진蓮花鎭을 거쳐 개원에 이르고, 다시 남쪽으로 철령·심양을 거쳐 요양에 이르는 노선이다. 이 노선상에서도 전국시대 이룡호二龍湖 성지가 발견되고 있어 이른 시기부터 사용되었던 것으로 추정된다.

위·진대에 들어서도 부여와 중원 왕조의 밀접한 관계가 유지된다. 244~245년 위나라 유주자사幽州刺史 관구검毌丘儉이 고구려를 침공했을 때, 현토태수 왕기王頎가 부여에 군량을 요청하자 부여에서는 군량을 제공하였다. 285년 모용외의 침입으로 부여의 도성이 함락되자 서진에서는 동이교위東夷校尉 하감何龕을 보내 부여 왕실을 복원하고, 포로로 잡혀간 부여인들 중 중원 지역으로 팔려 간 사람들을 사서 돌려보내는 등 우호적인 관계를 지속하였다. 부여가 위·진과 밀접한 관계를 맺을 수밖에 없었던 이유는 당시의 국제정서 때문이었다. 즉, 부여는 남쪽으로 고구려, 서쪽으로 모용선비의 압박을 받고 있었기 때문에 이들과 대항하려면 요동을 차지하고 있던 중원 왕조와 밀접한 관계를 형성할 필요가 있었고, 위·진 역시 고구려와 모용선비를 견제하려면 부여의 힘이 필요했기 때문에 긴밀한 관계를

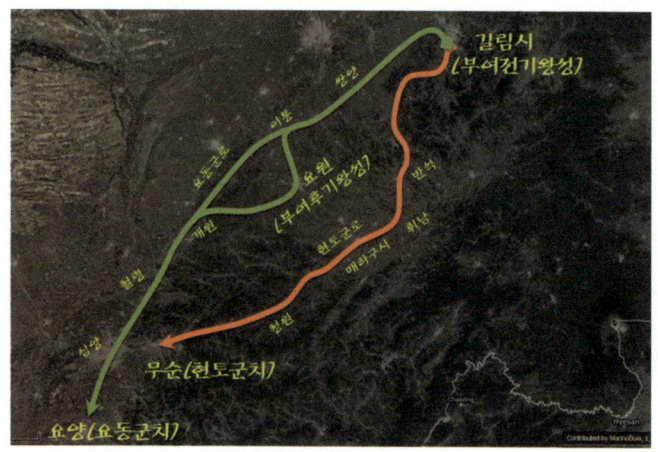

〈그림 13〉 현토군·요동군 교통로

유지할 수밖에 없었다. 그러나 3세기 들어 강성해진 모용선비가 요서 지역을 점령하여 전연을 세우고, 서진이 양자강 이남으로 남천하면서 부여와의 관계는 단절되었다. 부여와 위·진과의 교류에 이용된 교통로는 한대의 교통로와 그다지 큰 차이가 없었던 것으로 보인다. 다만 현토군이 고구려에 병합된 이후에는 주로 요동군로가 이용된다.

부여와 고구려는 『후한서』「고구려조」의 "동이에서 대대로 전해 오기를, 부여의 별종이라 하는데, 그러한 까닭으로 언어와 법속이 닮은 점이 많다 東夷舊語以爲夫餘別種, 言語諸事, 多與夫餘同"라는 내용과 「광개토태왕비문」의 "옛날 시조 추모왕이 나라의 터전을 잡을 때, 북부여에서 나왔다惟昔始祖鄒牟王之創基也出自北夫餘"
라는 기록을 통해 볼 때, 고구려 건립 초기부터 부여와 밀접한
관련이 있음을 알 수 있다.

초기 부여와 고구려의 교류는 『삼국사기』에 비교적 상세히
기록되어 있다. 내용을 분석해 보면 고구려 성립 초기에는 부여
가 상대적인 우위를 점하고 있었다. 그러나 점차 고구려의 힘이
강대해지자 이를 견제하기 위해 여러 차례 공격을 감행하였다.
즉, 유리왕 14년(6년)에 부여는 인질 교환 거부를 명분으로 5만
의 군대를 파견하여 고구려를 공격하였으나 추위로 인해 실패
하였고, 유리왕 32년(13년)에 재차 공격하였으나 학반령에서 고
구려군의 매복에 걸려 참패하였다. 대무신왕 대에 이르러서는
전세가 역전되어 고구려가 부여를 공격하였다. 대무신왕 5년
(22년)에 고구려와 부여는 부여 남쪽 변경 진펄지대에서 큰 싸움
을 벌였는데, 부여는 고구려의 침입을 막아 냈지만 왕 대소大素
가 죽고 다수의 군인이 전사하는 피해를 보았다. 이로 인해 지
배층 내부에서 분열이 일어나 대소왕의 동생이 부여를 떠나 갈
사국曷思國을 세우고, 금와왕의 종제는 1만여 명을 이끌고 고구
려에 투항하였다.

2세기 초에 들어서 양국의 관계는 우호적으로 전환된다. 태
조왕 25년(77년)에는 부여에서 고구려에 사신을 보내 뿔이 세 개

달린 사슴과 긴 꼬리를 가진 토끼를 바쳤고, 태조왕 53년(105년)에는 다시 호랑이를 보냈다. 이 밖에도 태조왕 69년(121년)에는 왕이 친히 부여에 와서 태후 사당에 제사를 지냈다. 그러나 같은 해 12월에 고구려·마한·예맥의 군대가 연합하여 현토성을 공격하자 부여 왕자 위구태가 이들을 물리쳤다. 이후부터 5세기까지의 문헌 기록에서는 두 나라의 직접적인 교류 관계가 확인되지 않는다. 이는 당시 고구려가 244년 관구검의 침입으로 왕실이 옥저로 피난 가는 타격을 입고, 342년 모용황의 대규모 공격으로 세력이 약화되었을 뿐만 아니라 관구검이 고구려를 침략할 당시 부여가 위나라 군대에 군량을 제공했다는 점에서 두 나라 간의 관계가 적대적이었기 때문으로 파악된다.

  부여와 고구려의 교류는 5세기대에 들어 다시 확인되는데, 바로 410년에 일어난 광개토태왕의 부여 정벌이다. 부여를 정벌할 당시 고구려는 이미 한반도 남부의 신라와 가야를 복속시키고 요동 지역을 점령한 후였다. 당시 부여는 전연의 침입 이후 명맥만 유지하고 있던 상황에서 고구려의 침입으로 64개 성과 1,400여 개소의 촌락을 잃었다. 광개토태왕은 당시 점령한 지역을 직접 지배하기 위해 수사守事를 파견하였다. 광개토태왕 점령 이후인 457년에 부여는 북위北魏에 사신을 보냈는데 이는 그때까지 부여 왕실이 존립해 있었다는 것을 말해 준다. 고구려 문화 요소가 확인되는 북쪽 경계선이 길림시 일대라는 점, 읍루와 물길이 북위와의 교통로로 동류송화강과 눈강을 이용하고 있다는 점 등을 통해 보면, 당시의 부여 중심지는 북류송화강 하류일 가능성이 높다. 이후 물길의 지속적인 압박으로 494년 부여왕과 그 일족이 고구려에 망명하면서 부여 역사는 종말을 맞이하게 된다.

부여와 고구려의 교류에 이용된 교통로는 양국 사이에 있었던 전쟁 기사를 통해 그 단서를 찾을 수 있다. 앞에서 유리왕 대에 전투가 있었던 학반령을 용강산으로, 대무신왕 대에 전투가 있었던 진펄지대는 휘발하 유역으로 비정한 바 있다. 이를 토대로 부여에서 고구려로 이어지는 노선을 그려 보면 다음과 같다. 길림시에서 출발하여 현토군로를 따라 반석과 휘남에 이르면 여기서부터는 노선이 남로와 북로 두 갈래로 나뉜다. 북로는 휘남현에서 남쪽으로 내려가는 노선으로 성도 103번을 따라 판석하진板石河鎭-나통산성羅通山鎭-양수하자진凉水河子鎭-판석진板石鎭을 지나 백산시白山市로 들어간 후에 다시 혼강을 따라 서남쪽으로 내려와 압원진鴨園鎭에서 남쪽으로 대나권하大羅圈河를 따라 올라가면 석호진石湖鎭에 이르고, 여기서 노령산맥老嶺山脈을 넘은 후에 통구하通溝河를 따라 집안 국내성에 도달하는 경로이다. 남로는 휘남에서 서쪽으로 휘발하를 거슬러 올라가 매

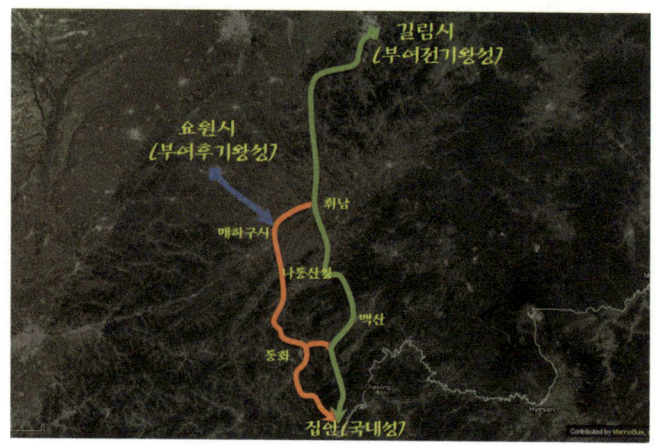

〈그림 14〉 대고구려 교통로

하구시에 도달한 후 남쪽으로 방향을 틀어 국도 303번을 따라 유하柳河를 거쳐 용강산맥을 넘어 통화에 이르고, 계속해서 국도 303번을 따라 노령산맥을 넘어 집안에 이르는 노선이다. 다만 통화에서 집안에 이르는 노선은 지형이 너무 험난하기 때문에 넘기가 힘들어 대부분은 통화에 이른 후 혼강을 거슬러 올라가 압원진을 거쳐 집안에 이르는 북로를 이용하고 있다.

부여의 동북쪽에는 읍루가 위치해 있다. 부여와 읍루와의 관계는 『삼국지』의 "한漢나라 이래로 부여에 신속했는데, 부여가 세금과 부역을 무겁게 물리자, 황초 연간(220~225년)에 반란을 일으켰다. 부여에서 수차례 공격하였는데, 그들은 숫자가 비록 적었지만, 험한 산중에 거처하였고, 이웃 나라 사람들이 그들의 활과 독화살을 두려워하여 끝내 굴복시키지 못하였다<u>自漢以來屬夫餘, 夫餘責其租賦重, 以黃初中叛之, 夫餘數伐之, 其人衆雖少, 所在山險, 鄰國人畏其弓矢, 卒不能服也</u>"라는 기록을 통해 확인할 수 있다. 이를 통해 보면 일찍이 읍루는 부여에 복속되어 세금과 부역을 바치고 있었고, 이를 위해서는 두 지역 간에 교통로가 존재했음을 알 수 있다.

읍루의 중심지는 흑룡강성 쌍압산시雙鴨山市 우의현友誼縣 일대이다. 길림시에서 우의현까지의 교통로는 육로와 수로로 나누어 살펴볼 수 있다. 육로는 길림시에서 흑룡강성 방정현方正縣까지 두 갈래의 노선이 확인된다. 하나는 길림시를 출발하여 서란시舒蘭市와 오상시五常市에 이르고, 오상시에서 동쪽으로 장광재령張廣才嶺과 대청산大靑山 사이의 회랑에 위치한 상지시尙志市와 연수현延壽縣을 거쳐 방정현에 이르는 노선이다. 최근 이 노선상에서 오상 백기白旗 유적 등 부여 관련 유적이 발견되었다.

다른 하나는 길림시에서 북쪽으로 북류송화강을 따라 유수시楡樹市에 이른 후 국도 202번을 따라 랍림진拉林鎭에서 랍림하를 건넌 후 아성阿城을 거쳐 빈현賓縣에 이르고 다시 동쪽으로 동류송화강을 연안을 따라 대청산大靑山을 넘어 방정현에 이르는 노선이다. 이 노선은 대청산을 넘는 것을 제외하면 전 구간이 비교적 평탄하다. 이 구간에서는 유수시 남쪽의 소시수림小柴樹林 유적을 비롯하여 북쪽의 돈대둔墩臺屯 유적, 빈현 일대의 경화성지 등 다수의 부여 관련 유적이 확인되고 있어 부여의 주요 교통로 중 하나로 볼 수 있다.

최근 방정현에서도 부여 시기에 해당하는 우가둔于家屯 유적에 대한 발굴조사가 이루어져 주거지 11기, 회갱 3기, 무덤 4기 등이 발굴되었다. 유구와 유물에 경화고성과 읍루의 문화 요소가 함께 나타나고 있어 이 지역이 교류의 중간 지점 역할을 담당했음을 알 수 있다. 방정현에서 합류한 두 노선은 이후 동류송화강 남안을 따라 의란현依蘭縣과 가목사시佳木斯市에 이른다. 여기서부터는 드넓은 삼강평원三江平原이 펼쳐지는데, 현재의 성도 307번을 따라 동쪽으로 이동하면 읍루 유적이 가장 밀집된 위의현友誼縣에 이른다.

수로를 이용한 교통로는 첫 번째, 길림시에서 북쪽으로 북류송화강을 따라 눈강과 합류하는 지점까지 간 후 다시 동쪽으로 동류송화강을 따라 가목사시까지 가는 노선이다. 이 노선의 경우 너무 멀리 우회한다는 점에서 효용성이 떨어진다. 두 번째는 길림시에서 랍림하까지는 육로를 이용한 후 랍림하를 따라 북쪽으로 동류송화강까지 이동한 후 가목사시까지 가는 노선이다. 세 번째는 육로로 빈현까지 간 후 그곳에서 수로를 이용

〈그림 15〉 대읍루 육상·수상 교통로

해 가목사시까지 가는 노선이다. 현재까지 어떤 수로를 이용해 읍루와 교류했는지 정확하게 파악하지는 못했지만, 최근 빈현 북쪽의 동류송화강 연안에서 색리구索離溝 유적과 과원서강果園西崗 유적 등 다수의 부여 시기 유적이 발견되고 있어 이 지점에 읍루로 가는 선착장이 있었을 가능성이 높다.

부여와 옥저의 교류는 『진서』에서 일부 확인된다. "태강 6년, 모용외의 습격으로 그 왕 의려가 자살하고, 자제들은 옥저로 달아나 보존하였다至太康六年, 爲慕容廆所襲破, 其王依慮自殺, 子弟走保沃沮." 이를 통해 볼 때, 부여와 옥저 사이에는 일찍부터 교류가 있었던 것으로 추정하며, 양자 간에 교통로가 존재했음을 알 수 있다. 현재 학계에서는 옥저의 위치를 수분하綏芬河 유역과 두만강 유역, 함경도 해안가 일대로 비정한다. 문헌 기록에 북옥저北沃沮, 동옥저東沃沮, 남옥저南沃沮 등의 명칭이 보이는 점에서 수분하 유역은 북옥저, 두만강 유역은 동옥저, 함경도 일대는 남옥저로 비정할 수 있다. 이 중 동옥저의 경우 고구려에 복속되기 전까지 교류가 이루어졌을 가능성이 있으며, 북옥저와는 읍루와의 교류를 통해 볼 때, 일찍부터 교류가 시작되었을 것으로 추정된다.

먼저, 부여와 동옥저의 교통로를 살펴보면 길림시에서 동옥저의 중심지인 두만강 중하류 일대로 가기 위해서는 노야령老爺嶺, 위호령威虎嶺, 목단령牧丹嶺 등 3개의 산맥을 넘어야 한다. 길림시에서 교하蛟河로 이어지는 구간은 노야령을 넘는 방법도 있지만, 북류송화강을 거슬러 올라가 랍법하拉法河를 이용하면 교하시蛟河市에 이를 수 있다. 국도 302번을 따라 연결된 노야령을 넘는 구간에서는 지금까지 부여 유적이 보고된 예가 없지만, 랍법하 주변에서는 복래동고성福來東古城, 신가고성新街古城, 동소황지東小荒地 유적 등 다수의 부여 유적이 확인되고 있다.

위호령 구간은 국도 302번을 따라 백석산진白石山鎭과 황송전진黃松甸鎭을 거치면 비교적 쉽게 돈화敦化에 도달할 수 있다. 돈화에서 목단강을 건넌 후에 계속해서 국도 302번을 따라 목

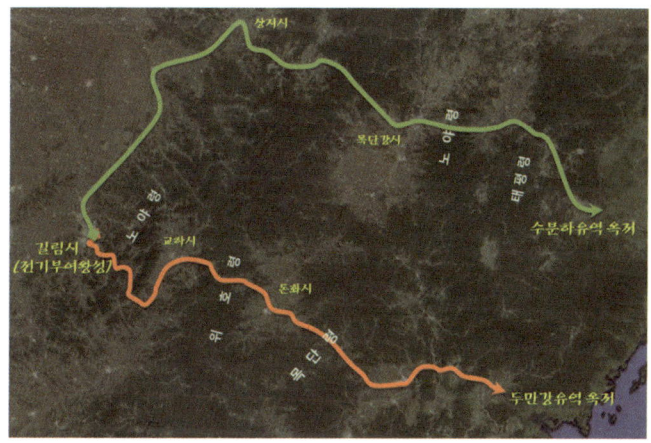

〈그림 16〉 대옥저 교통로

단령을 넘으면 두만강 유역의 옥저 땅에 이른다. 이 교통로는 고구려가 동부여를 복속시킨 이후에는 이용이 줄어들었을 것으로 추정된다. 즉, 이 노선의 거점 지역인 교하나 돈화 등지에서 거점성으로 사용될 만한 중·대형 성곽은 발견되지 않았는데, 이는 동옥저와의 교류가 일찍이 단절되는 바람에 이 노선상에 거점 도시가 형성되지 못한 것으로 볼 수 있다.

부여와 수분하 유역인 북옥저와의 교통로는 읍루로 연결되는 교통로를 일부 포함하고 있다. 길림시에서 상지시까지 이어지는 읍루 남로를 이용한 후 상지시부터는 국도 301번을 따라 장광재령을 넘어 목단강시에 이르고, 다시 동쪽으로 노야령과

태평령太平嶺을 넘은 후 수분하 일대의 북옥저에 도달하는 노선이다. 285년 모용외의 공격으로 도성이 함락되어 왕이 자살하고 왕실의 자제들이 옥저로 피난하는 수난을 겪을 당시 왕실 자제들이 피난한 곳은 아마도 수분하 일대의 북옥저로, 앞에서 설명한 교통로를 따라 피난하였을 것으로 추정한다. 당시 동옥저는 이미 고구려에 복속되었기 때문에 부여 왕실이 이 지역으로 피난한 것으로 보기에는 어려움이 있다.

서진西晉 시기에 이르면 부여의 남쪽은 고구려가 아닌 선비와 접한다. 선비는 후한 화제和帝 연간에 북흉노가 한에 대패하여 서쪽으로 도망하자 흉노가 거주하던 지역으로 이동하여 흉노 잔여 세력을 규합하여 세력을 키웠다. 이후 2세기 중엽에는 단석괴檀石槐가 선비 부족 대연맹을 건설함으로써 강력한 세력으로 성장하였고, 동부 선비와 서부 선비로 나뉘어 발전하였다. 선비와 부여의 교류는 일찍부터 시작되었던 것으로 추정하나 구체적인 양상은 285년 모용외의 침입에서부터 확인된다.

285년에 모용외 침입 당시 부여의 왕성은 길림시였고, 모용선비의 중심지는 대릉하 상류 일대였다. 당시 모용선비는 기마병을 중심으로 전쟁을 수행하였는데, 이 점을 감안하면 양국 간의 교통로를 쉽게 복원할 수 있다. 구체적으로 대릉하 상류의 조양朝陽·북표北票 일원에서 의무려산 북쪽 끝자락을 넘어 부신阜新·창무彰武·강평康平을 지나 사평四平·장춘長春에 이르고, 여기서 대흑산산맥大黑山山脈을 넘어 길림시에 도달하는 노선이다. 이 노선은 의무려산을 넘은 이후부터 장춘까지 넓은 평원지대가 이어지고 있어 말을 타고 이동할 경우 1주일 이내에 충분히 도달할 수 있는 거리이다. 물론 개원에서 요동군로를 따라 길림시에 이르는 경로도 추정해 볼 수 있지만, 이 교통로상에는 거점 도시를 중심으로 한 방어망이 구축되어 있어 도성 공격이 쉽지 않기 때문에 평원 지역을 통해 급습했을 가능성이 높다. 346년 모용황의 공격 역시 짧은 시간에 전격적으로 이루어졌다. 당시 부여는 수도를 전연에 가까운 서쪽으로 옮긴 상태였기 때문에 더욱 쉽게 도성을 함락시킬 수 있었다.

제 3 장

부여 사람들은 어떻게 살았을까

1.

부여인의 생활 모습

 부여 사람의 모습은 진짜로 부여 금동 가면처럼 기괴하고 험악한 모습이었을까? 이에 대해서는 중국인이 부여인의 성품을 기록한 내용을 참고할 수 있다. 『삼국지』에서는 "신체가 크고, 성격이 굳건하고 용감하며 근엄하고 후덕해 함부로 노략질하지 않는다其人麤大, 性彊勇謹厚, 不寇鈔"라고 적고 있다. 당시 중국인은 부여 사람들을 용감하고 신중하고 중후하다며 매우 좋게 평가하였다. 이러한 부여인의 성품은 그들이 생활했던 자연환경과 밀접한 관련이 있다. 부여의 자연 지형은 "산릉과 넓은 못이 많고, 동이의 지역 중 가장 평탄한 곳으로 땅이 비옥하여 오곡이 잘 자라는多山陵, 廣澤, 於東夷之域最平敞, 土地宜五穀" 곳으로 묘사되어 있다. 즉, 부여 사람이 주로 거주하였던 송눈평원 지역은 눈강과 송화강을 중심으로 주변에 낮은 구릉과 넓은 충적평원이 펼쳐져 있어 농업과 어업 및 목축을 생업으로 하여 생활하는 데 가장 적합한 자연환경을 갖추고 있다. 이 때문에 부여 사람은 풍요로운 경제생활을 누릴 수 있었으며, 주변 국가를 노략질하는 행위를 하지 않았다.

반면에 고구려인에 대해서는 "흉악하고 급하여, 기운이 세고 싸움에 능해 노략질을 잘한다其人性凶急, 有氣力, 習戰鬪, 好寇鈔"라고 적었다. 고구려인이 생활하던 환인과 집안 일대는 해발 1천 미터 이상의 높은 산으로 둘러싸인 산지로 척박한 지역이었다. 『후한서』에서도 "큰 산과 깊은 골짜기가 많으며, 사람들은 이곳을 따라 거주한다. 밭이 적어서 힘껏 농사를 지어도 자급하기에 부족했다多大山深谷, 人隨而爲居. 少田業, 力作不足以自資"라 적고 있다. 이렇게 농업 생산에 적합하지 않은 자연환경으로 인해 고구려는 항상 경제적인 어려움을 겪었고, 주변 지역 약탈과 침략을 통해 이를 극복해 나갔다.

이렇게 부여인과 고구려인에 대한 상반된 설명은 아마도 기록을 남긴 중국 입장이 반영된 결과로 볼 수 있다. 즉, 부여와 중국 왕조는 오랫동안 우호적인 관계를 유지하며 동맹을 유지한 반면, 고구려는 요동 지역의 중국 군현을 약탈하며 괴롭

했다. 따라서 중국인들은 사서에 고구려인을 포학하고 싸움에 능한 사람으로, 부여인은 온화하고 후덕한 사람으로 표현하고 있다. 이러한 기질은 백제에도 영향을 미치고 있다. 환인 일대에서 남하하여 백제를 건국한 온조 집단이 아주 짧은 시간에 한강 일대를 장악할 수 있었던 가장 큰 이유는 바로 고구려인의 기질 때문으로 볼 수 있다. 그러나 정치적으로 안정되고 이주한 지역의 자연환경이 경제적으로 윤택한 생활을 할 수 있는 지역이라는 점에서 백제인의 성품 역시 부여인과 같이 온화하고 부드럽게 변해 가고 있다.

부여의 언어는 고구려·백제와 거의 같았던 것으로 볼 수 있다. 『삼국지』의 "고구려는 부여의 별종으로 말이나 법이 비슷하다"라는 기록으로 보아 고구려의 별종인 백제 역시 부여와 같은 언어를 사용했을 것이다. 즉, 부여·고구려·백제는 기본적으로 언어 소통에 그다지 문제가 없었다.

부여 사람은 일상생활에서 항상 예를 중시하였다. 『후한서』와 『삼국지』에는 "부여인은 음식을 담을 때 조두俎豆를 사용하고, 모임에서 잔을 받을 때 절하고拜爵, 잔을 넘길 때 씻어 주며洗爵, 읍양하면서 오르내린다揖讓升降"라는 기록이 있다. 이는 부여인이 원통형의 기다란 받침이 달린 두형豆形 토기를 이용해 음식을 담으며, 모임에서는 상대방에게 잔을 씻어 내주고, 잔을 받을 때는 절을 하고 받으며, 자리를 양보할 때는 읍을 하는 예절이 있었음을 설명해 주고 있다. 읍이란 두 손을 잡고 허리를 앞으로 구부렸다가 펴면서 경의를 표하는 것으로, 부여인이 겸손하고 양보하는 것을 좋아하는 문화인임을 알 수 있다. 『진서』에서는 "부여 사람은 만나면 서로 절하고 양보하는 예의가 중국과 흡사하다"라고 기록하고 있다. 중국 사람이 보기에도 부여인은 중국과 유사할 정도로 높은 수준의 예절 교육을 하고, 예의를 실천한 문화인이었다. 이러한 부여의 예절문화는 오늘날의 일상생활에서도 쉽게 찾을 수 있다는 점에서 부여 문화가 현대까지 계승되고 있음을 알 수 있다.

부여인의 복장에 대해서는 『삼국지』에 잘 묘사되어 있다. "나라 안에서는 흰색으로 꾸며 입었는데, 흰 베로 저고리, 도포, 바지 등을 만들어 입고, 가죽신을 신는다. 나라 밖으로 나갈 때는 비단에 수를 놓아 입는 것을 법칙으로 하였고, 대인은 여우·살쾡이·흑담비 가죽으로 만든 가죽옷을 즐겨 입고, 금은으로 장식한 모자를 쓴다"라는 기록으로 볼 때, 부여인은 흰옷을 즐겨 입었으며, 권력이 있는 자들은 겨울에 가죽옷과 가죽신을 신고, 금은으로 장식된 모자를 쓰고 다녔음을 알 수 있다. 일반적으로 우리 민족을 백의민족이라 부르는데, 그 시작을 부여에서 찾을 수 있다.

부여인은 일상생활에서 때와 장소, 나이를 불문하고 노래하고 춤추는 것을 좋아했다. 『후한서』와 『삼국지』에는 "길을 가면서 늙은이건 어린아이건 모두 밤낮없이 노래를 부르며, 온종일 노래가 끊이지 않는다"라고 기록되어 있다. 특히 정월에 하늘에 제사를 지내는 국가적인 제천 행사인 영고迎鼓가 있을 때는 더욱 성대하여 수일 동안 큰 집회를 열고 음주가무를 즐겼다. 이때만은 형옥을 멈추고 죄수를 풀어 주었는데, 그 전통이 국경일에 죄를 사면해 주는 특사제도로 지금까지 이어지고 있다.

부여의 형벌은 지나치게 엄격하였는데, 살인자는 사형에 처하고 그 가족은 모두 노비로 삼았다. 도둑질한 자는 12배로 배상하게 하였으며, 음란한 남녀와 투기하는 부인은 모두 사형에 처했다. 특히 투기죄에는 엄중한 처벌이 따랐다. 투기한 여자는 죽이고 나서 시체를 남쪽 산 위에 버려 썩게 했다. 여자 집에서 시체를 찾아가려면 소와 말을 바쳐야 했다. 이는 일부다처제인 부여에서 부인들 간의 시기와 질투는 곧 가정의 평화는 물론 국가의 질서도 해칠 수 있다는 전제하에 일벌백계를 통해 가부장권을 확립하고 체제 안정을 유지하려 했던 것으로 볼 수 있다.

2.

부여인의 집

부여인들이 살았던 집터는 발견된 예가 극소수이다. 주거지는 모두 부여 전기 도성인 동단산 평지성과 그 주변을 발굴하는 과정에서 확인되었는데, 발굴보고서가 간행되지 않아 정확한 규모와 형태는 파악할 수 없다. 다만 신문 보도와 길림성문물고고연구소에서 출간한 『전야고고집수田野考古集粹』에 발굴된 주거지 사진이 실려 있어 대략적인 형태만 파악할 수 있다.

2002년에 조사된 주거지는 한 변의 길이가 4.2미터인 방형의 움집이다. 주거지 남벽 중앙에 철자형凸字形 출입구가 설치되어 있다. 출입문 양쪽에 폭 0.6미터의 기둥을 꼽던 주공柱孔이 뚫려 있다. 그 바깥쪽으로 경사진 길이 1.2미터의 문도聞道가 나 있다. 주거지 동쪽 벽면에는 3줄의 고래로 구성된 온돌시설이 설치되어 있는데, 부뚜막, 아궁이, 고래, 굴뚝 등이 비교적 잘 남아 있다. 온돌 남쪽에는 저장에 사용된 원형의 구덩이가 위치해 있다. 내부에서 방형 격자문이 새겨진 니질회색泥質灰色 토기편과 함께 소량의 철갑鐵甲편이 출토되었다.

2020년에도 동단산 평지성 주변의 영안永安 유적에서 건축 유구가 확인되었으나 정확한 규모와 구조는 알 수 없다. 다만 유적 내에서 다량의 화문전花紋塼과 기와 등의 건축 자재와 관罐, 분盆 등의 토기 잔편이 출토되었다. 특히 출토된 와당의 경

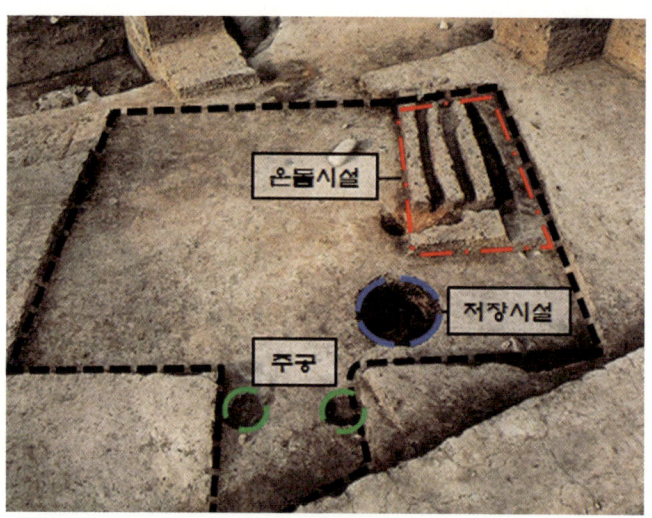

〈그림 17〉 부여의 주거지(『전야고고집수(田野考古集粹)』 동단산·모아산 유적 사진 인용)

우 고구려, 발해, 요금시대와는 차이를 보이고 있어 부여 건축물에 사용된 것으로 추정하고 있다.

부여 움집의 경우 구조와 형태가 한반도 중부 지역에서 확인되는 백제 초기 철자형 주거지와 매우 유사하다. 향후 두 지역 간의 문화적 계통을 밝히는 데 중요한 자료로 활용될 것으로 기대한다. 이 밖에도 움집 주변에서 다수의 구덩이가 확인되는데, 대부분 음식물 저장에 사용된 것들이다.

3.

부여인의 죽음과 장례

부여의 장례 풍속에 대해 『후한서』에는 "죽으면 관이 없는 곽을 사용하였으며, 사람을 죽여 순장하였는데 많을 때는 1백여 명에 달했다. 왕의 장례를 치를 때는 옥갑을 사용하였다 死則有槨無棺. 殺人殉葬. 多者以百數. 其王葬用玉匣"라고 적혀 있다. 『삼국지』에서는 『후한서』의 내용 외에도 "사람이 죽으면 여름에는 모두 얼음을 사용하였고夏月皆用冰, 후장厚葬을 한다"라는 내용을 더하고, 다음과 같은 『위략魏略』의 내용을 첨부하고 있다. "그 나라의 습속은 다섯 달 동안 초상을 지내는데, 오래 지낼수록 영화롭게 여긴다. 죽은 이를 제사 지낼 때는 날것과 익은 것을 함께 쓴다. 상주는 빨리 장사 지내고 싶어 하지 않지만, 다른 사람이 강권하기 때문에 언제나 실랑이를 벌이는 것으로서 예절로 여긴다. 상중에는 남녀 모두 순백색의 옷을 입고, 부인은 베로 만든 면의를 입으며, 반지나 패물은 벗어 두는데, 대체로 중국과 비슷하다 其俗停喪五月, 以久爲榮. 其祭亡者, 有生有熟. 喪主不欲速而他人彊之, 常諍引以此爲節. 其居喪, 男女皆純白, 婦人着布面衣, 去環珮, 大體與中國相彷彿也."

이 내용을 정리해 보면, 부여의 장례 풍습은 성대하고 오랫동안 진행되는 후장구상厚葬久喪, 사람을 죽여 묻는 순장, 목곽 사용, 왕은 옥갑 사용 등으로 특징지을 수 있다.

부여 무덤을 대표하는 유적으로는 노하심老河深고분군과 모아산帽兒山고분군을 들 수 있다. 이 고분군은 대부분 하천가 주변 50미터 내외의 야트막한 구릉 사면부에 위치하며, 한곳에 집중적으로 매장되는 공동 매장 현상이 특징적이다. 노하심 유적은 길림성 유수현榆树县 대파진大坡鎭 노하심촌老河深村 남쪽 500미터 지점의 넓게 펼쳐진 들판 한가운데 있다. 발굴 당시 강안의 사구였던 부분이 지금은 모두 개간되어 논으로 사용되고 있다. 유적 동쪽과 북쪽에는 각각 작은 하천이 휘감아 돌아 북류송화강으로 유입된다.

1981년 길림성문물고고연구소가 처음으로 발굴을 시작하였다. 유적의 문화층은 상·중·하 세 층으로 구분되는데, 상층

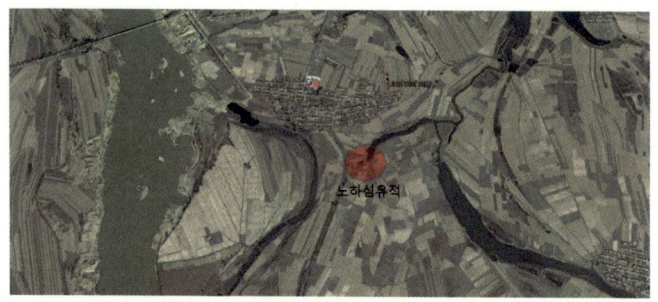

〈그림 18〉 유수 노하심 유적 위치도(구글지도)

은 말갈문화층, 중층은 부여문화층, 하층은 서단산문화층에 해당한다. 부여 시기에 해당하는 중층에서는 모두 129기의 무덤이 발견되었다. 무덤은 대부분 구릉 북부와 남부에 위치해 있다. 전체적으로 규칙적인 배열 양상을 보이며, 무덤 간의 중복 현상은 극히 일부에서만 확인된다.

무덤의 형태는 모두 장방형이며, 형식은 순수 토굉묘와 목실장구가 사용된 것으로 나눌 수 있다. 목질장구는 모두 79기에서 확인되며, 대부분 부식되어 관인지 곽인지는 명확하게 구분되지 않는다. 관(곽)은 모두 관정 대신 결구법을 사용하여 제작하였으며, 일부는 관재에 붉은색이 칠해져 있다. 관 바닥에는 갈대, 짐승 가죽, 자작나무껍질樺樹皮 등이 깔려 있다.

무덤에서는 모두 4,200여 점의 유물이 출토되었다. 그중 토기의 수량이 가장 많으며, 종류로는 관罐, 호壺, 두형토기豆, 배

杯, 반盤, 완碗, 충盅 등이 있다. 청동기로는 동복銅鍑, 동경銅鏡, 동대구銅帶鉤, 동대잡銅帶卡, 동환銅環, 동포銅泡, 호심경護心鏡, 동전銅錢 등이 있으며, 철기로는 철검, 철도, 철창, 철화살촉, 화살통, 투구, 갑옷 등의 무기류와 낫, 가래, 괭이, 끌 등의 생산 공구, 소형 철도鐵刀, 철추鐵錐 등이 있다. 마구류는 재갈鑣·銜, 마차 굴대 고정쇠車轄 등이 있으며, 장신구로는 금은 귀걸이, 골진骨瑱, 유리진琉璃瑱, 마노주, 구슬류, 동팔찌, 은제 혹은 동제 완식腕飾, 금제 혹은 은제 반지, 다양한 형태의 패식牌飾 등이 있다.

모아산고분군은 부여 왕성인 동단산 평지성 동쪽에 위치해 있다. 고분군의 범위는 대략 8천 제곱미터로 북쪽의 용담산龍潭山에서부터 서산西山 혹은 호가분산胡家墳山-모아산帽兒山-남산南山-구개산龜蓋山으로 이어진 능선을 모두 포함한다. 고분군에서 지금까지 확인된 무덤은 대략 1만여 기에 이르며, 이 중 4천여 기가 부여 시기에 조영된 것이다. 일제강점기부터 고분군의 존재는 파악하고 있었으나, 정밀 발굴조사는 1980년에 처음 이루어졌다. 모아산 주변에 전신주를 설치하는 과정에서 무덤 3기가 발견되어 조사가 이루어졌고, 이들 무덤이 부여 시기에 조영된 것으로 확인되면서 부여 무덤의 실체가 밝혀지기 시작하였다. 이후 여러 차례에 걸쳐 발굴이 이루어져 300여 기의 무덤이 조사되었다. 무덤에서는 금은기金銀器와 칠기漆器, 화상전畵像塼, 그

〈그림 19〉 모아산 대형 목곽묘 조사 모습과 복원 모습(길림성박물원, 필자 촬영)

림이 그려진 비단, 각종 청동제 마구류와 그릇, 철제 공구류, 경질 토기 등 최고급 기물이 출토되었다.

　부여인들이 사용한 무덤 형식은 순수 토광묘, 토광목곽(棺)묘,

토광화장묘 등으로 나눌 수 있다. 토광목곽(관)묘가 대부분이며, 순수 토광묘와 토광화장묘는 극소수에 불과해 부여는 무덤에 곽을 사용한다는 문헌 기록과 부합된다. 이들 무덤은 현재 모두 삭평되어 봉분이 남아 있지 않으나 원래는 흙으로 쌓은 봉분이 있었을 것으로 추정된다.

매장 방식은 장례 후에 시신을 그대로 무덤에 묻는 일차장一次葬이 이루어지고 있으며, 시신의 형태는 모두 바로펴묻기仰身直肢를 하고 있다. 하나의 묘광에 한 사람을 묻는 단인장單人葬이 가장 많고, 하나의 묘광에 두 사람을 묻는 합장 양인동혈합장兩人同穴合葬, 두 개의 묘광을 파고 각각 사람을 묻은 후 하나의 봉분을 만든 합장兩人異穴合葬, 세 개의 묘광에 각각 사람을 안치한 후 하나의 봉분을 만든 삼인이혈합장三人異穴合葬 등도 함께 사용되고 있다. 2인 혹은 3인 합장의 경우 매장 유물을 통해 볼 때, 비교적 신분이 높았던 것으로 추정된다. 또한 일부 관재에 불에 탄 흔적이 발견되고 있어 장례 과정에서 불로 태우는 행위가 이루어졌음을 알 수 있다.

부여 무덤의 특징 중 하나가 순장이다. 순장은 현생에서 누렸던 영화를 내세에서도 그대로 유지하고자 하는 관념에서 비롯되었다. 많은 경우 100명 이상을 순장하였다는 기록도 남아 있으나 지금까지 발견된 무덤에서는 다수를 순장한 흔적은 확인

〈그림 20〉 하북성(河北省) 정현(定縣) 팔각랑촌(八角廊村) 40호 무덤 출토 한대 옥갑(중국국가박물관, 필자 촬영)

되지 않았다. 다만 무덤 안에서 말 이빨이나 머리뼈 등을 매납하는 순마습속殉馬習俗이 확인되어 당시에도 동물순생 풍속이 이루어졌음을 확인할 수 있다.

부여에서는 호민豪民 이상의 계층만 무덤을 쓸 수 있었다. 문헌 기록에 보이는 후장구상 역시 호민 이상의 계층에 한정된 장례 풍속으로 볼 수 있다. 이로 인해 부장품은 고분 규모, 장례 방식, 남녀 성별 등에 따라 종류와 수량이 다르게 나타난다. 특히 부여 왕의 장례에는 옥갑이 사용되었다. 한漢에서는 미리 현토군에 옥갑을 보내 보관하다 왕이 죽으면 가져다 사용하도록

했다. 옥갑은 옥의라고 불리는데, 편옥에 네 구멍을 뚫고 금속실로 꿰어 수천 개의 작은 옥편을 연결하여 만들었다. 꿰매는 올의 종류에 따라 금루옥의, 은루옥의, 동루옥의, 사루옥의 등으로 구분한다. 그러나 아쉽게도 부여 왕이 사용한 옥의가 어떤 종류였는지는 아직까지 발견된 예가 없어 확인이 불가능하다. 차후 옥갑이 사용된 부여 왕의 무덤이 발견된다면 현재 해답을 찾지 못하고 있는 부여사의 많은 수수께끼가 풀릴 것으로 기대한다.

4.
부여인이 사용한 물건들

 부여인이 일상생활에서 사용한 물건 중 대표적인 것이 토기이다. 부여인은 일상생활에서 조두俎豆를 사용한다고 기록되어 있는데, 발굴조사를 통해서도 다량의 두형토기가 출토되어 이를 확인할 수 있다. 부여인이 주로 사용한 토기의 종류로는 손잡이가 동체부 양쪽에 달린 쌍이호雙耳壺, 목이 짧은 단경호, 두형토기, 완, 시루, 반 등이 있다. 쌍이호는 부여를 대표하는 토착계 토기로 굵은 모래가 혼입된 태토를 사용하고, 손 빚음으로 제작되며, 낮은 온도에서 소성되어 황갈색을 띠는 것을 특징으로 한다. 서단산문화를 대표하는 호와 유사한 형태로 부여 문화와 서단산문화의 계승 관계를 확인할 수 있다. 두형토기는 실

〈그림 21〉 부여의 토기(『전야고고집수(田野考古集粹)』 동단산·모아산 유적 사진 인용)
① 단경호 ② 회색 경질 단경호 ③ 두형토기

생활용과 의례용으로 구분할 수 있는데, 표면이 흑색으로 마연된 두형토기의 경우 손잡이가 높고, 제작 방법이 복잡하다는 점에서 의례에 사용된 것으로 볼 수 있다. 물레를 사용하여 제작한 회색 경질 토기는 대부분 생활 유적에서 발견되며, 무덤에서는 극소수만 확인된다. 또한 지역적으로 수량 차이를 보이는데, 부여의 중심지인 길림시 일대에서는 대량으로 발견되는 반면, 주변 지역으로 갈수록 소량만 출토되고 있다.

철기는 생산 공구, 무기류, 마구류 등이 주를 이룬다. 철제 공구는 대부분 중원 계통을 모방한 것으로 도끼, 자귀, 낫, 삽, 끌, 쟁기, 호미 등이 있다. 부여에서는 호민 이상의 계층만 무기를 지닐 수 있었다. 평상시에는 집에 보관하였는데 전란이 발생하면 각자 무기를 들고 참여하였다. 무기의 특징을 살펴보면 검의

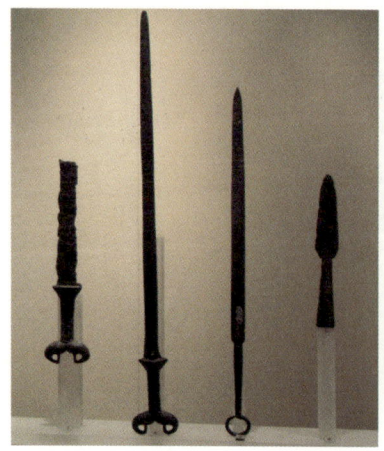 

〈그림 22〉 부여의 철검과 찰갑 복원품(길림성박물원, 필자 촬영)

경우 초기에는 토착식의 촉각식 동병철검과 중원식의 원주식圓珠式 동병철검을 함께 사용했으며, 후대로 가면서 점차 환두대도環頭大刀로 바뀌었다.

철제 무기류와 생산 공구는 모두 한식 무기와 공구를 직접 들여오거나 모방하여 제작하였다. 이러한 현상은 부여에만 국한된 것이 아니라 당시 동북 지역의 모든 국가에서 공통적으로 나타난 현상이다. 초기에는 중원 지역에서 수입하여 사용하다가 제작 기술이 유입되면서 직접 제작하였다.

최근 노하심 유적에서 출토된 동병철검과 유사한 형태의 동병철검이 청주 오송 유적에서 발견되어 학계의 주목을 받았다.

〈그림 23〉 노하심 유적과 청주 오송 유적에서 출토된 동병철검
① 노하심 유적 출토품(길림성박물원, 필자 촬영)
② 청주 오송 유적 출토품(청주 오송 보고서 자료 인용)

　노하심 유적 동병철검은 남성이 묘주인 115호 무덤의 머리 우측에서 발견되었으며, 철 괭이, 철 낫, 화살촉, 환수도, 창 등과 함께 출토되었다. 이 무덤은 삼인이혈합장묘로 좌측114호과 우측116호에는 여성이 묻혀 있다. 청주 오송 유적의 동병철검은 말 발굽 형태의 구溝를 두른 17호 주구토광묘의 목관 내부에서 발견되었는데, 단경호 1점, 원저 발 1점, 철부 1점 등과 함께 출토되었다.

　두 유적에서 출토된 동병철검은 평편한 직선형 철제 검신과 죽절형竹節形 청동제 병부로 이루어져 있다. 크기는 노하심 유적 출토품의 경우 완형으로 길이 80센티미터, 날 너비 3.5센티미터, 두께는 0.8센티미터이다. 오송 유적 출토품은 병부의 끝부분이 파손된 형태로 출토되었는데, 망치질을 통해 검의 내심이 바깥

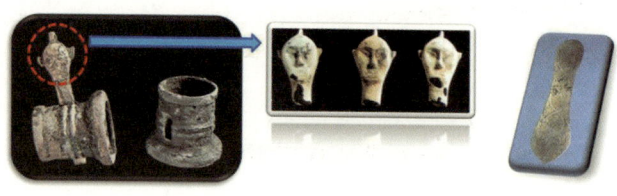

〈그림 24〉 부여의 마구(『전야고고집수』 동단산·모아산 유적 사진 인용)

쪽으로 구부러진 상태이다. 잔존 길이는 62.7센티미터, 검신 너비는 2센티미터, 병부 길이는 11.6센티미터이다. 병부는 별도로 제작하여 신부와 결합했다. 병부 상·하단에는 원형 돌기가 열을 지어 돌려졌으며, 검격에는 중앙을 기점으로 사선 방향의 선 문양이 장식되어 있다.

 부여의 마구는 재갈이 가장 많이 확인되며, 마차 바퀴가 빠지지 않도록 끼워 넣은 쐐기형 도구鈒의 꼭지가 사람 머리 형태를 하고 있는데, 부여 금동 가면과 마찬가지로 머리 위에 상투가 표현되어 있다.

 부여의 장신구는 귀걸이, 패식牌飾, 팔찌, 반지, 허리띠 버클, 단추, 빗, 장식 도구 등 종류가 매우 다양하다. 특히 모아산 일대에서는 면직물과 함께 금동으로 제작된 사람 얼굴 모양의 가면 등이 출토되고 있어 이 지역이 부여의 중심지였음을 말해 주고 있다.

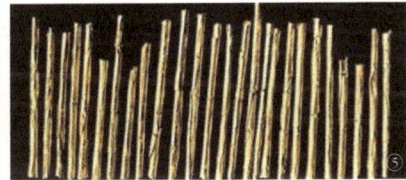

〈그림 25〉 부여의 장신구(『전야고고집수』 동단산·모아산 유적 사진 인용)
① 마노주(모아산) ② 귀걸이(모아산) ③ 팔토시(노하심) ④ 금제 패식(모아산)
⑤ 금관식(모아산)

 부여 유물 중 사용자의 신분을 표시하는 위세품으로는 동복, 동경, 칠기, 동물 문양의 금제 패식 등이 있다. 동복은 북방초원문화를 대표하는 유물 중 하나로 부여의 노하심고분군, 학고촌 무덤, 모아산고분군 등에서 출토된다. 특히 노하심고분군에서 출토된 대각臺脚이 없는 평저형 동복의 경우 학고촌 무덤과 모아산고분군 등에서도 출토되고 있어 부여에서 일반적으로 사용되던 형식임을 알 수 있다. 동경은 노하심고분군에서 다수 출토되

〈그림 26〉 부여의 위세품(『전야고고집수』 동단산·모아산 유적 사진 인용)
① 대각 동복(노하심) ② 동복(모아산) ③ 동경(노하심)
④ 동물문양 패식(노하심) ⑤ 칠기 반(盤) 잔편(모아산)

었는데, 형태와 문양이 모두 중원 지역 출토품과 유사하다. 동물문양 패식 역시 북방초원문화를 대표하는 유물 중 하나이다. 노하심고분군에서 출토된 패식의 경우 찰뢰낙이고분군에서 출토된 패식과 거의 유사하다. 칠기의 경우 모아산고분군에서만 출토되었는데, 이배耳杯와 분盆 등의 기형이 중원 혹은 낙랑 출토품과 유사하여 중원에서 직접 수입한 것으로 볼 수 있다.

제4장

부여 왕성은 어디에

1.

전기 왕성

부여의 왕성과 관련해서는 『후한서』의 "둥근 책을 성으로 삼고, 궁실, 창고, 뇌옥 등이 있다以員柵爲城, 有宮室, 倉庫, 牢獄"라는 기록을 통해 부여에 성곽과 왕이 거주하던 궁실이 존재했음을 알 수 있다. 『자치통감』에서는 "부여의 초도는 '녹산鹿山'이며, 후에 백제의 침입으로 '서사근연'하였다"라고 적고 있다. 따라서 부여 왕성은 초거녹산初居鹿山 시기의 전기 왕성과 서사근연 이후의 후기 왕성으로 나눌 수 있다.

문헌 기록을 토대로 부여 왕성의 구조적 특징을 몇 가지 추정해 볼 수 있다. 먼저 『후한서』의 "원책으로 성을 삼았다"라는 기록과 『삼국지』의 "성책은 모두 둥글게 만들었는데, 마치 감옥

같았다作城柵皆員, 有似牢獄"라는 내용을 통해 보면, 부여 성곽의 평면은 원형 혹은 타원형일 가능성이 매우 높다. 또한 두 문헌 모두 궁실과 창고 등이 있다고 기록하고 있어, 왕성 내에는 궁실을 포함한 고급 건축물이 존재했음을 확인할 수 있다. 이 밖에도 한 나라의 왕성으로 비정되려면 왕성 주변에 왕과 귀족들이 묻힌 고분군이 존재해야 하며, 왕성과 주변에서 고급 위신재가 다량 출토되어야 증명이 가능하다.

전기 왕성의 위치에 대해서는 그동안 많은 연구가 이루어졌다. 해방 이전에는 일본 학자들이 혼강渾江 하류설, 함경남도 함흥설, 길림성 농안설, 요녕성 창도 사면성설, 흑룡강성 아늑초객阿勒楚喀설 등을 주장했는데 해방 이후 길림시 동단산 평지성이 가장 유력한 전기 왕성으로 비정되고 있다. 이 견해를 처음 주장한 이는 무국훈武國勛이었다. 그는 1980년 모아산에서 처음 부여 무덤이 발견된 것을 계기로 동단산 평지성이 부여의 독자적인 원책圓柵 유적이라는 점, 토착의 협사질 토기와 중원 계통의 니질泥質 토기가 병존하는 점, 동단산 평지성의 자연지리 환경과 문헌 기록이 서로 부합되는 점, 이 일대에 궁성뿐만 아니라 도성이 존재한다는 점 등을 들어 동단산 평지성을 부여의 전기 왕성으로 비정하였다. 이후에 임운林沄, 간지경干志耿, 손정갑孫正甲, 동만륜董萬侖, 이수전李澍田, 왕면후王綿厚, 동학증董學增, 위존

성魏存成 등 대다수 학자가 이 설을 따르고 있다.

　부여 전기 왕성으로 비정되는 길림시 영안촌永安村 일대에는 동단산 평지성을 비롯하여 동단산산성, 모아산고분군, 용담산산성 등 다수의 관련 유적이 밀집되어 있다. 이 지역은 북쪽으로 길림시를 한눈에 관망할 수 있는 용담산이 위치해 있고, 서쪽으로는 북류송화강이 남에서 북으로 흘러 천연의 보루인 동단산과 함께 최상의 방어선을 구축하고 있다. 동쪽과 남쪽은 나지막한 산들로 이어져 있으며, 그 안쪽에는 평지가 넓게 펼쳐져 있어 왕성의 입지로는 가장 적합한 지형 조건을 갖추고 있다. 이로 인해 이 지역은 일찍부터 학계의 주목을 받았다. 해방 이전에는 이문신李文信, 미카미 쓰구오三上次男, 사타케 사이佐竹仲匕 등이 초보적인 조사를 실시했다. 당시 이문신은 다량의 중원계 유물이 출토되는 점을 근거로 이 지역에 다수의 한인漢人이 이주해 오면서 형성된 취락으로 파악하였다. 해방 이후에도 왕성현王城賢, 장충배張忠培, 동학증董學增, 마덕겸馬德謙, 소울풍邵蔚風 등이 간단한 지표조사와 시굴을 시행하였다. 이후 모아산고분군과 동단산 평지성이 국가중점문물보호단위로 지정되면서 길림성문물고고연구소와 길림시박물관이 본격적인 발굴을 시작하여 현재까지 지속되고 있다.

　동단산은 북류송화강에 인접해 있다. 산의 높이는 해발

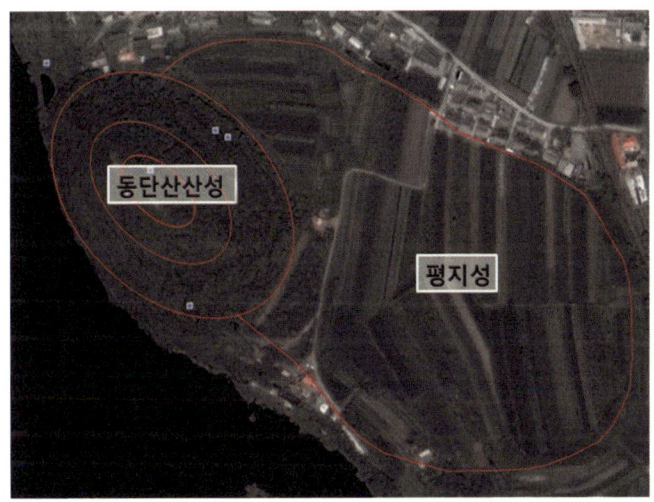

〈그림 27〉 동단산산성 및 평지성 평면도(구글지도)

252미터이나 부근 지면보다는 50미터 정도 높게 솟아 있는 동산에 불과하다. 이 산은 청淸나라 초기에 악막성鄂漠城으로 불리다가 중엽에는 이란무성伊蘭茂城 혹은 일랍목성一拉木城으로 개칭되었다.

동단산에는 산성과 평지성이 함께 축조되어 있는데, 산성은 산 능선의 하단부터 상단까지 외성-중성-내성의 3겹으로 구축되어 있으며, 평지성은 산의 동쪽 사면에 잇대어 비교적 완만한 구릉상에 입지해 있다. 평지성의 평면 형태는 불규칙한 타원형이며, 전체 길이는 1,300미터 내외이다. 성벽은 마을이 형성된 북쪽을 제외한 나머지 구간은 비교적 잘 남아 있다. 성곽 시설물로는 성문, 장대지, 해자 등이 확인된다. 성문은 남북에 각각 하나씩 설치되어 있는데 너비는 대략 16미터 내외이다. 장대지는 남문과 북문 부근에서 확인되며, 남문 장대지는 남북 길이 150미터, 동서 넓이 73미터, 높이는 1~1.5미터 정도가 잔존해 있다. 해자는 동단산과 접한 지역을 제외하고는 모두 설치되어 있다.

이 유적은 2001년부터 지금까지 몇 차례에 걸쳐 발굴이 이루어졌다. 유적의 층위는 구역에 따라 차이가 있지만 대략 표토층 → 명·청 문화층 → 요·금·발해 문화층 → 고구려·부여 문화층 → 서단산문화층으로 구분된다. 성벽의 축성 방법은 산성과 평지성 간에 차이를 보인다. 산성은 산 경사면을 깎아 낸 후 그 위에 다시 흙과 화강암 잡석을 섞어 성벽을 쌓고 있다. 성벽 절개 조사가 이루어진 외성 조사 당시 사진을 참고해 보면, 성벽 기저부의 양쪽 가장자리는 돌을 쌓아 보축하고, 체성 바깥쪽은 돌로 쌓고 안쪽은 흙으로 쌓았다. 성문은 외성 동쪽과 북쪽에 설치되어 있으며 동문에는 옹문 시설이 갖추어져 있다.

평지성은 순수한 토축성으로 초축 이후 일정 시점에 재보축이 이루어졌다. 초축 성벽은 점토와 사질토를 6~8센티미터 두께로 번갈아 판축했으며, 재보축은 황토를 쌓아 올려 성벽을

〈그림 28〉 동단산산성 (위) 및 평지성(아래) 성벽 조사 모습(위: 『전야고고집수』인용, 아래: 필자 촬영)

보강하였다. 초축 성벽 단면에 서단산문화 토기편과 비교적 이른 시기의 굵은 모래가 비짐된 포자연문화 토기편들이 확인되어, 이보다 늦은 시기에 성곽이 축조되었음을 알 수 있다. 또한 재보축이 이루어진 부분의 단면상에 부여 시기의 승문繩紋 회색 니질 토기편이 다량 포함되어 있어 재보축은 부여 시기 이후에 이루어진 것임을 알 수 있다.

동단산 평지성 북쪽에는 용담산산성이 위치해 있다. 용담산은 해발 388미터이지만 지면에서는 약 100미터 정도이다. 이 산은 원래 니십한산尼什罕山이라 불렸는데, 근대에 와서 용담산龍潭山으로 개칭되었다. 1921년 이후 여러 차례 조사와 측량이 이루어졌으며, 최근 용담산공원 입구에 대형 광장과 박물관을 조성하는 과정에서 부여 및 고구려 시기 유물이 다량 출토되었다. 성벽의 둘레는 2,396미터이고, 평면은 동서 방향이 넓고, 남북 방향이 좁은 불규칙한 다변형이다. 성벽의 잔존 높이는 10~12미터 내외이며, 기저부의 폭은 3~10미터, 상단부 폭은 1~2미터, 횡단면은 사다리꼴 형태이다. 대부분의 구간은 황토에 잡석을 섞은 토석 혼축으로 축조되어 있으며, 일부만 황토 판축으로 이루어져 있다. 방어가 취약한 지점에는 토축 성벽 바깥쪽에 돌을 덧대 보축한 흔적이 확인된다. 현재 서문지 양측에 절개된 성벽 단면을 보면, 판축 두께는 6~12미터, 폭은 1~1.5미터 정도이다.

성문은 서·남·북 3곳에서 확인되는데, 모두 오목하게 들어간 골짜기에 설치되었다. 서문은 용담龍潭 바로 옆에 있으며, 남문은 공원 진입로에서 남쪽으로 성벽을 따라 20미터 정도 가면 옹성 시설을 갖춘 문지가 나타난다. 현재 서문지로 인식되는 곳은 공원 진입로를 개설하는 과정에서 훼손된 구간으로 이곳에는 수구가 설치되었을 가능성이 높다. 성벽이 돌출된 지점 4곳

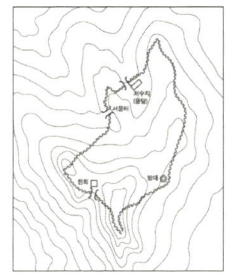 

〈그림 29〉 용담산산성 평면도 및 2015년 서문지 조사 모습(길림성문물고고연구소 홈페이지)

에는 평편한 대지가 형성되어 있다. 대지의 길이는 20~25미터, 넓이는 6~9미터로 각루가 설치되어 있었던 것으로 추정된다. 서쪽과 남쪽 성벽이 만나는 지점의 각루에는 성벽 바깥쪽을 석축으로 보강한 흔적이 확인된다. 남쪽 성벽의 훼손된 일부 구간 단면의 경우 서단산문화 토기편만 확인되고 있어 이 성의 초축 시기를 가늠할 수 있다. 이 밖에도 성내 시설물로는 용담으로 불리는 저수지와 용도를 정확히 파악할 수 없는 한뢰旱牢 등이 남아 있다. 성내 출토 유물로는 회색 경질의 력鬲, 관罐 등의 토기편, 연화문 와당, 승문 기와편, 방추차, 오수전 등이 있다.

최근에 성벽과 성내 일부 구역에 대한 정밀 발굴이 이루어졌으나 발굴보고서가 간행되지 않아 정확한 성격을 파악하는 데 어려움이 있다. 그러나 지금까지 발표된 자료를 종합해 보면, 이 성은 부여가 초축한 것임을 알 수 있다. 우리나라 고대 도성 방어시스템은 일반적으로 왕이 평상시에 머무는 평지성과 전란 시에 피난성으로 이용하는 산성으로 구성된다. 부여의 경우 동단산 평지성은 평상시에 왕성으로 사용되고, 용담산산성은 전란 시 피난성의 역할을 담당하였다. 이는 남쪽 각루 하단에 보축된 석축 성벽과 용담, 한뢰 등의 석축 시설물을 통해서도 확인할 수 있다. 즉 남쪽 각루의 기저부에 3단 정도의 석축 성벽이 잔존해 있는데, 정교하게 다듬은 돌을 6합 쌓기 방식으로 쌓아 올렸다. 이러한 축조 방법은 용담과 한뢰에서도 확인되는데, 이는 전형적인 고구려 성벽 축조 방법 중 하나로 이 성은 부여가 초축하고, 고구려가 이 지역을 점령한 이후에 보축하여 사용했음을 설명해 주고 있다.

부여 전기 왕성을 동단산 평지성으로 비정하는 주장에 대해 의문을 제기하는 학자들도 있는데, 대표적인 이가 이건재이다. 그는 부여 전기 왕성을 용담산산성과 동단산산성의 중간에 위치한 용담산 기차역 부근으로 비정한다. 그 근거로는 용담산산성과 동단산산성 사이의 평원지대, 특히 용담산 기차역 부근에서 일제강점기부터 다량의 고급 위신재 유물이 출토된 점, 국남산國南山으로 추정되는 모아산고분군을 중간 지대에서 볼 경우 남쪽이 되지만, 남성자성에서 보면 동쪽에 해당한다는 점 등을 들었다. 필자 역시 이 설을 따르는데, 동단산 평지성의 경우 여

〈그림 30〉 용담산산성 남쪽 각루 석축 세부(위) 및 남쪽 성벽 절개면 유물 출토 현황 (아래)(필자 촬영)

〈그림 31〉 용담산과 동단산 중간의 왕성 추정지(필자 촬영)

러 차례의 발굴에도 불구하고 지금까지 왕성으로 규정할 수 있는 건축물 혹은 고급 기물이 출토되지 않은 점, 정확한 축성연대는 확인할 수 없지만 용담산과 동단산 중간 지점에 둘레가 1천 미터가 넘는 관지성지官地城址가 존재하는 점, 천연의 요새인 동단산산성과 용담산산성을 양쪽에 둠으로써 방어에 유리한 점 등을 들어 동단산과 용담산 중간에 왕성이 위치했을 가능성이 더 크다고 보았다. 다만 이 지역은 현재 택지 개발로 인해 원 지형이 모두 훼손되어 향후 왕성의 흔적을 찾기는 힘들 것 같다.

　유녕劉寧과 왕홍봉王洪峰 역시 동단산 평지성설에 대해 의문을 제기하고 있다. 유녕은 부여의 강역이 2천 리에 이르고, 인구가 8만 호에 달하는 동북 지역의 가장 강력한 국가임에 비해 동단산 평지성의 규모가 너무 작다는 점, 녹산은 부산夫山, 즉 부여의 산夫餘之山과 통하지만 그것이 동단산과 직접 연결되지 않는다는 점, 성 내부에서 적지 않은 부여 시기 유구가 발견되었지만 아직 왕이 거주하던 궁전 관련 건축 유구가 발견되지 않은 점 등을 들어 부여의 왕성에 부합하지 않는다고 주장한다. 또한 동단산산성을 모아산고분군을 보호하기 위한 군사적 보루 혹은 제사 장소로 파악하여 중원의 능읍陵邑과 유사한 것으로 보았다. 용담산산성 역시 고고학 자료상 산성의 축성 연대가 고구려에 비해 이르기는 하지만, 부여가 축성한 것인지는 아직 증명되지 않아 부여의 전기 왕성으로 확정하기에는 시기상조라 했다.

왕훙봉은 동단산산성과 평지성, 용담산산성의 명확한 성격을 파악하기 위해서는 더 많은 발굴조사가 필요하다는 견해를 제시하였다. 즉, 이곳에서 금 귀걸이, 옥기, 청동 의기 등 다양한 종류의 고급 유물이 출토되었지만, 아직 왕이 거주했을 것으로 추정할 수 있는 기와 건축물이 발견되지 않았기 때문에 향후 정밀 조사의 필요성을 강조하고 있다.

이처럼 부여 전기 왕성의 정확한 위치를 찾아내는 작업은 아직도 많은 한계에 직면해 있다. 향후 정밀 발굴조사와 함께 상세한 보고서가 발간되고, 이를 토대로 더 많은 연구가 이루어져야만 부여 왕성의 진실에 한 발 더 다가설 수 있을 것이다.

2.

후기 왕성

　부여 후기 왕성은 서사근연으로 인해 전기 왕성인 길림시에서 전연에 가까운 서쪽 어느 지역으로 옮긴 것으로 파악하고 있다. 이에 대해 다양한 의견이 제시되었지만 문헌 및 고고학 자료의 부족으로 인해 정확한 위치는 찾지 못하고 있는 실정이다. 그동안 제기된 견해를 정리해 보면, 길림성 지역으로 비정한 설과 요녕성 지역으로 비정한 설로 나눌 수 있다.

　길림성 지역으로 비정한 견해는 농안農安설, 요원遼源설, 사평四平 일면성一面城설, 유하柳河 나통산산성羅通山山城설, 장춘長春 관성자고성寬城子古城설, 유수榆樹설 등이 있다. 농안설은 1920년대에 이케우치 히로시地內宏가 『신당서新唐書』와 『요사遼

〈그림 32〉 농안고성 위치도(구글지도)

史』에 기록된 내용을 근거로 부여부를 지금의 장춘부長春府 농안현農安縣 경내로 규정하면서 처음 제기되었고, 이후 조정걸曹廷杰과 이건재가 부여 후기 도성을 농안으로 확정하면서 학계의 주류 학설로 자리 잡게 된다.

부여 후기 도성으로 비정되는 농안고성農安古城은 이통하伊通河 좌안에 위치해 있으며 주변으로 넓은 구릉성 평원이 펼쳐져 있다. 성곽의 평면은 방형으로, 둘레 길이는 3,840미터이다. 성벽은 황토 판축으로 이루어져 있으며, 동서남북 사방에 성문이 설치되어 있다. 현재 남쪽과 동쪽 성벽 일부만 잔존해 있고, 나머지 구간은 모두 훼손되어 남아 있지 않다. 성에 대한 정밀 발굴조사는 이루어지지 않았지만, 지금까지 조사된 고고학 자료를 통해 보면 부여의 후기 왕성으로 비정할 만한 근거는 전혀 확인되지 않는다. 즉, 성내와 그 주변에서 요금 시기의 유물만 출토될 뿐 부여 시기 관련 유물은 전혀 확인되지 않는다. 비록 1960년대에 실시한 문물조사 당시 농안시 경내에서 부여 시기의 함영函營 유적과 흑어포黑漁泡 유적 등이 확인되었으나 이 유적은 모두 북류송화강 하류의 강안 사구상에 위치해 있으며, 규모와 수습된 유물의 성격 등에서도 후기 왕성과 연결 짓기에는 무리가 있다. 또한 농안은 지리적으로 길림시의 서쪽에 위치해 있지만 전연과 가깝지 않다는 점에서 문헌 기록의 서사근연과도 부합되지 않는다.

요원遼源설은 필자가 처음 제기하였다. 요원시를 후기 도성으로 비정한 근거는 첫 번째, 요원시 일대와 전기 왕성인 길림시 일대의 자연환경이 매우 유사하다는 점이다. 즉, 두 지역 모두 중앙에 하천이 흐르고, 사면이 구릉성 산지로 둘러싸인 분지 지형을 이루고 있다. 일반적으로 사람들의 거주 습관상 삶의 터전을 바꾸게 되면 원래 살던 지역의 자연환경과 비슷한 곳을 찾게 되는데, 이로 인해 부여 역시 후기 도성을 지형 조건이 비슷한 요원시 일대로 옮기게 된 것으로 보았다.

두 번째는 요원시 일대의 방어체계가 부여의 기타 지역에 비해 매우 견고하다는 점이다. 요원시에는 용수산산성龍首山山城, 성자산산성城子山山城, 공농산산성工農山山城 등이 동요하를 사이에 두고 삼각형 구도로 배치되어 있어 다른 지역에 비해 공고한 방어망을 갖추고 있다. 백제의 침입으로 인해 길림시에서 '서사근연'하였기 때문에 방어가 공고하게 갖추어진 이곳으로 천도하였을 가능성이 높다. 이 밖에도 요원시 주변을 둘러싼 산지에 중소형 산성들이 밀집하여 배치되었는데, 이는 요원시 일대로 들어오는 적을 방어하기 위해 축조된 것으로 보았다.

세 번째는 용수산산성에서 '부夫' 자 명문 기와가 출토되었다는 점이다. 즉, 명문의 '부' 자를 부여와 연결시켜 부여 후기 도성에서 사용된 것으로 파악하였다.

최근 들어 중국에서 다시 요원설이 부각되고 있는데, 이를 주도한 이는 장복유張福有다. 그는 2011년에 발표한 「부여후기왕성고겸설황룡부夫余后期王城考兼說黃龍府」에서 요원시 용수산산성을 부여의 후기 도성으로 비정하였다. 『신당서』에 기록된 "부여고지위부여부扶餘故地爲扶餘部"의 '부여고지'를 부여 왕성이 아니라 '부여의 옛 땅에 부여부를 설치하였다'는 의미로 해석하였다. 더불어 부여 후기 왕성에 부합하기 위해서는 세 가지 조건이 충

〈그림 33〉 요원시 일대 산성 위치도(구글지도)

족되어야 하는데, 첫 번째는 전기 왕성인 녹산과 자연환경이 유사해야 하고, 평지성인 아닌 평산성이어야 하며, 두 번째는 부여 왕성이 다른 성에 비해 비교적 잘 축조된 토축 산성이어야 하며, 세 번째는 부여의 전기 왕성인 용담산산성 주위에 동단산산성, 삼도령자산성三道嶺子山城 등 삼위일체의 '산성공위山城供衛' 구조를 갖춘 것처럼 후기 왕성 역시 이와 같은 구조를 갖추어야 하는 점을 들었다. 이러한 조건으로 보면 농안설은 전혀 맞지 않으며, 요원시의 용수산산성이 가장 부합한다고 주장한다.

장복유가 부여의 후기 왕성으로 주장한 용수산산성은 요원

〈그림 34〉 용수산산성 전경 및 성벽 절개면 모습(필자 촬영)

시 시내 중심의 용수산에 위치한다. 북쪽에서 이어져 나온 구릉성 산지 끝자락에 입지한 용수산산성은 동·남·서 삼면의 지세가 탁 트여 주변을 모두 관망할 수 있는 군사적 요충지이다.

성 남쪽에는 동요하가 동쪽에서 서쪽으로 성을 감싸고 돌아가고 있다. 용수산 산세를 따라 타원형을 이룬 성벽은 전체 길이가 1,200미터이며, 대부분 판축으로 이루어졌다. 현재 서벽은 비교적 잘 남아 있고 동·남·북벽은 심하게 파괴되었다. 서북각과 서남각에는 각루의 흔적이 남아 있다. 성문지는 북쪽과 서쪽 두 곳에서 발견되었는데, 북문은 북벽의 서단에서 서북 각루와 가까운 곳에 위치하며, 서문은 서벽 중앙에서 약간 남쪽으로 치우쳐 설치되어 있다. 성내에서는 신석기시대부터 명·청대에 이르는 유물이 다량 출토되었으며, 이 중 고구려 유물이 가장 많다.

용수산산성설은 최근 중국 학계에서 주목받고 있다. 2015년 5월 요원시에서는 부여 관련 전문가를 초빙하여 요원 용수산산성 및 상관 유적 학술 토론회遼源龍首山山城及相關遺蹟學術硏討會를 개최하였다. 당시 회의에서는 부여 후기 왕성과 발해 부여부, 요대 황룡부 등의 제 문제에 대한 발표와 토론이 이루어졌고, 이설에 대해 다수의 학자가 찬성을 표하였다. 손호孫顥는 용수산산성에서 출토된 토기를 분석하여 그 형식과 조합이 부여 문화와 기본적으로 일치한다는 견해를 발표하였다. 그러나 일부 학자들은 용수산산성설에 대해 반론을 제기하고 있는데, 왕홍봉의 경우 지금의 요원은 전연의 도성, 즉 지금의 조양과 거리가 너무 멀어 연에 가깝다고 보기 어려우며, 전연에서 노획한 부여인구가 5만에 달하는데 요원 용수산 등 3개 성을 제외하고는 촌락 유적이 확인되지 않는다는 점에서 용수산산성설의 한계를 지적하였다.

사평 일면성설은 담기양譚其驤 주편의 『중국역사지도집中國歷史地圖集』에서 처음 제기되었는데, 문헌 기록을 토대로 역사 지리학적으로 추정만 했을 뿐 고고학적 자료는 제시하지 못하고 있다.

유하 나통산산성설은 왕면후가 제기한 두 번째 견해로, 그는 처음 서풍 성자산산성설을 주장하다가 『고구려고성연구高句麗古城研究』를 출간하면서 부여 후기 도성을 나통산산성으로 새롭게 비정하였다. 즉, 나통산산성은 북류송화강 상류에서 고구려 집안으로 통하거나 혹은 북쪽의 부여로 가는 중심지에 있는 대형 산성으로, 위치와 유물을 통해 볼 때 부여 후기 왕성인 '부여성'으로 볼 수 있으며, 이후 고구려가 연용한 것으로 파악하였다. 이 학설 역시 나통산산성의 지정학적 위치와 성내에서 출토된 부여 관련 유물이 전무하다는 점에서 학계의 지지를 받지 못하고 있다.

장춘 관성자고성설은 동옥영董玉瑛의 「관성자초탐寬城子初探」과 왕조명王兆明의 「'관성자'고성에 대한 초보 탐색關于'寬城子'古城的初步探索」에서 처음 제기되었으나, 성에 대한 조사 과정에서 이를 입증할 만한 자료가 출토되지 않았고, 지금은 흔적을 찾아볼 수 없을 정도로 성곽이 사라져 가설로만 남아 있다.

유수설은 손진기孫進己가 처음 주장한 것으로 동한 시기 부여의 중심지는 부여 고분군이 발견된 유수 노하심 지역이며, 이 지역은 현토군의 소재지인 무순에서 대략 1천여 리에 이르는 점에서 문헌 기록과 일치하는 것으로 보았다. 그러나 고분군의 조성 연대가 기원전·후한 시기로 후기 도성 축성 시기에 비해 빠르며, 주변에서 부여 관련 왕성 혹은 취락 유적이 발견되지 않았다는 점에서 한계가 있다.

요녕성 지역으로 비정한 견해로는 서풍西豊 성자산산성城子山山城설, 창도昌圖 사면성四面城설, 개원開原설 등이 있다. 서풍 성자산산성설은 이문신이 처음 제기하였고, 이후에 왕면후가 체계적으로 논증하면서 확립되었다. 성자산사성이 위치한 서풍 일대는 길림합달령의 서남단으로 주변이 해발 700미터 내외의 산으로 둘러싸인 산악지대이다. 산성은 청하淸河 지류인 연반하碾盤河 남쪽의 산상에 있으며, 정상에서 남북으로 둥글게 뻗은 능선과 계곡을 감싼 포곡식의 불규칙한 타원형으로 전체 길이가 4.4킬로미터이다. 석축한 성벽은 능선을 따라 이어져 있으며, 단애 부분은 그대로 이용하였다. 성문은 서쪽에 1개, 동쪽에 2개 등 모두 3개가 설치되었으며, 계곡 입구의 서문이 정문 역할을

했다. 성 내부는 동고서저 형태로 계곡 주변 일부에 평탄한 대지가 존재하며, 대부분 가파른 산비탈을 이루고 있다. 평탄지 주변에서는 건물지와 저수 시설, 수혈 유구 등이 확인되며, 14단의 돌로 기단부를 쌓고 호석을 두른 추정 장대지가 특징이다. 성벽의 돌출된 모서리 부분에는 각루가 설치되었고, 서쪽 출입구 주변에는 둘레 5킬로미터 내외의 토축된 외위성外圍城이 존재한다.

이 산성을 부여 전기 왕성으로 보는 견해도 제기된 바 있다. 손진기孫進己 · 풍영겸馮永謙은 『동북역사지리東北歷史地理』에서 동명이 지금의 길림성 부여현 일대의 색리국에서 도망하여 요녕성 서풍 서차구 유적 및 성자산산성 일대에서 부여를 건국한 것으로 보았다. 이후 대무신왕 5년(22년)에 고구려에 의해 멸망하고 유민 일부가 지금의 농안과 길림시 등지에 자리 잡은 것으로 파악하였다. 당시의 고고학적 자료가 충분하지 않은 상태에서 성곽의 형태와 지역에서 전해지는 이야기를 근거로 비정하였으나, 1990년대에 정밀 조사가 이루어져 고구려성으로 확정되면서 폐기되었다. 다만 후기 도성설의 경우 최근에 주향영周向永이 「서풍 성자산산성 초축 연대에 대한 재고찰西豊城子山山城始建年代再考」이란 글에서 성벽 기저부에서 출토된 유물의 연대와 망대 축성방법 등을 분석하여 6~7세기에 축조된 고구려의 부여성으로 비정함으로써 부여 후기 왕성설에 다시 힘을 실기도 하였다.

창도 사면성설은 김육불이 처음 제기하였다. 그는 부여의 초도를 농안으로 비정하고, '서사근연'에 의거해 농안의 서남쪽인 창도의 사면성을 후기 도성으로 비정하였다. 그러나 입증할 만한 고고학적 근거 자료를 제시하지 못하여 지금은 이 견해를 따르는 이가 거의 없다.

개원설은 유흥엽劉興曄이 처음 제기하였는데, 그는 청대 건륭乾隆 연간에 집성된 『만주원류고滿洲源流考』, 청대 및 중화민국 시기의 『개원현지開原縣志』, 청대 역사학자 경방창景方昶의 『동북여지석략東北輿地釋略』, 실학자 정약용의 『발해고渤海考』 등 여러 문헌 기록을 종합적으로 고증하고, 명대 개원 변경 바깥쪽에 부여위福餘衛를 설치한 역사적 상황 등을 근거로 제시하였다. 주목할 만한 것은 지금도 개원시 일대에 부여대대夫餘大隊, 부여촌夫餘村, 부여소학교夫餘小學校, 부여가夫餘街, 부여공원夫餘公園 등의 지명이 남아 있고 고구려 산성도 확인되고 있어 일부 가능성이 존재한다.

부여 후기 도성의 위치 비정에 관한 연구는 현재 걸음마 단계라 할 수 있다. 문헌 자료에 대한 고증의 한계와 고고학 자료의 부재는 후기 도성의 실체를 입증하는 데 걸림돌이 되고 있다. 필자 역시 학술대회에서 이 분야에 대한 발표를 진행한 바 있으나, 자료 부족이라는 한계로 인해 논지에 대한 명확한 결론을 도출하지 못하고 지금까지 이어 오고 있다. 이를 해결하기 위한 가장 중요한 작업은 앞에서 논의된 유적들에 대한 정밀 발굴조사일 것이다. 이와 더불어 문헌 기록에 대한 재검토가 이루어진다면 꼭꼭 숨어 있는 후기 도성의 진실에 한 발 더 다가설 수 있지 않을까 생각된다.

3.

사출도와 지방 성

 부여에 왕성이 존재했다면 지방에도 성곽이 존재했을 가능성이 높다. 부여의 지방 행정조직으로는 '사출도四出道'가 있다. 사출도의 성격은 단순히 지방을 네 개의 행정구역으로 구분했다는 의미보다는 고구려의 오나부五那部처럼 도성을 중심으로 방위에 따라 사방을 나눈 것으로 파악할 수 있다. 즉, 도성에서 사방으로 통하는 길로서 지방 지배의 기본이 되는 도로와 그 주변 읍락을 의미한다. 왕이 직접 다스리는 중앙을 제외한 4개의 지역 집단 밑에는 연맹체를 구성하는 기본 집단인 읍락이 있으며, 각 읍락에서는 '가加'들이 자치권을 행사한 점으로 미루어 읍락에는 성책이 존재할 가능성이 매우 높다. 읍락의 규모는 큰 경우 수천 가家에서 작은 경우 수백 가에 이르렀다고 한다. 수천 가에 이르는 대형 읍락의 경우 사출도의 행정 중심지였을 가능성이 크다.

사출도 행재성行在城으로 대표적인 것이 흑룡강성 빈현賓縣의 경화고성慶華古城이다. 성은 경화촌 북산 남쪽 구릉의 평탄한 대지에 입지해 있는데, 남쪽으로 작은 하천이 흐르고, 그 건너편에 경화촌이 자리한다. 동남쪽에는 대청산大靑山이 길게 이어져 있고, 북쪽에는 넓은 충적평원이 펼쳐져 있으며, 북쪽으로 20킬로미터 정도 거리에 동류송화강이 흐르고 있다.

성의 평면은 타원형으로 전체 길이는 650미터이다. 성벽의 잔존 높이는 1.5미터 내외로 비교적 잘 남아 있다. 성 내부의 지세는 북쪽이 높고 남쪽이 낮다. 성문지는 현재 동·서·남 3곳에서 확인된다. 성벽은 기본적으로 토축이며, 성벽 기저부와 성문 부근에 잡석이 널려 있는 것으로 보아 잡석으로 기초를 다진 후에 축조한 것으로 파악된다. 성내의 정중앙에는 인공으로 쌓은 장대지가 남아 있는데, 발굴 당시의 높이는 4미터 정도였으나 현재는 경작으로 인해 훼손되어 잘 확인되지 않는다. 성의 동쪽을 제외한 삼면에는 해자가 설치되었다.

이 성지는 1985년 흑룡강성문물고고연구소가 발굴하였는데 주거지 2기, 수혈 유구 2기와 유물 300점이 출토되었다. 1호 주

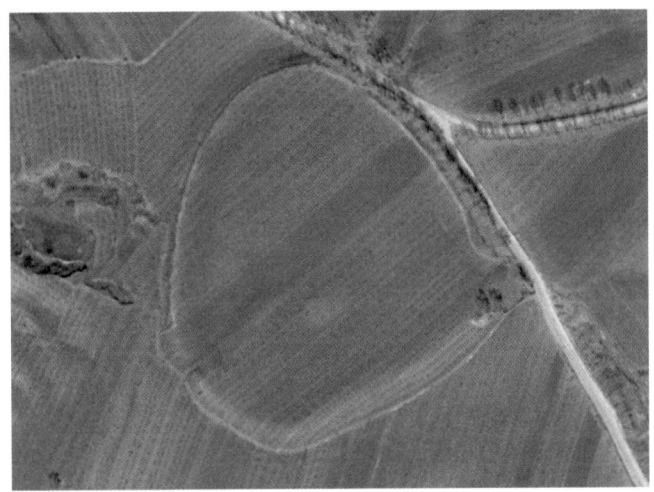

〈그림 35〉 경화고성 위성 사진(구글지도)

거지는 장대지 하부에서, 2호 주거지는 동북쪽 성벽 아래에서 확인되었다. 1호 주거지는 대지 축조 과정에서 대부분 파괴되어 바닥과 노지만 남았으며, 2호 주거지는 방형의 수혈식으로 바닥은 불다짐되었고, 모서리에 노지가 설치되었다. 수혈 유구는 모두 타원형으로 내부에서 다량의 소성토와 목탄이 확인되었으며, 다양한 종류의 토기편이 출토되었다. 주거지의 연대는 대략 기원전 4세기에서 기원전·후에 해당하는데, 주거지 2기 모두 성벽과 장대지 하부에서 발견되고 있어, 성벽은 주거지보다 늦게 축조되었음을 알 수 있다.

경화고성은 부여 북부의 행정·군사적 중진이었다. 당시 부여의 동북쪽에는 읍루가 자리하고 있었다. 『삼국지』「읍루조」에는 "한 이래로 부여에 신속되었으나 부여가 조세와 부역을 막중하게 부담시키자 황초 연간에 반란을 일으켰다自漢已來, 臣屬夫餘, 夫餘責其租賦重, 以黃初中叛之"라는 기록이 있다. 당시 읍루는 부여에 신속되었다고는 하나 부여에 저항했다는 점에서 부여연맹체에 직접적으로 속하지 않았음을 알 수 있다. 읍루는 부여의 세력이 강성했을 때는 신속되었다가 부여의 세력이 약해지거나 조세 부담이 커지면 반란을 일으켜 부여의 변방을 약탈했다. 따라서 읍루로 통하는 교통로상에 위치한 경화고성은 이들의 반란을 막는 군사적 중추 역할을 수행했음을 알 수 있다. 아울러 이 지역 소형 성들도 주된 방어 방향을 읍루의 중심지인 동북쪽으로 두어 경화고성을 보조하였다.

수백 가의 소형 읍락에도 행재성 역할을 담당한 성곽이 존재하였다. 이를 확인할 수 있는 대표적인 유적이 신가고성新街古城과 복래동고성福來東古城이다. 이 두 성은 모두 랍법하拉法河 서안 충적지에 위치해 있는데, 주변이 넓은 평원과 구릉성 산들로 이어져 사람이 생활하기에 적합한 자연 지형을 갖추고 있다.

신가고성은 장방형으로 전체 길이는 184미터이며, 면적은 약 2,208제곱미터이다. 성벽은 토축으로 이루어져 있으며, 성내 한

〈그림 36〉 복래동성지 전경 및 출토 유물(필자 촬영)

쪽에 평대가 남아 있고, 성문은 서남쪽에 나 있다. 송화호에 의해 수몰되는 과정이 반복되면서 성벽 대부분이 파괴되었다. 이 성의 동쪽 40미터 거리에 또 하나의 소형성이 위치해 있는데, 현재 잔존 평면은 'U'자형이지만 원래는 장방형이었을 것으로 추정된다. 복래동고성은 평면이 방형으로 직경은 약 40미터이다. 이 성 역시 토축 성벽으로 이루어져 있으며, 송화호에 침식당해 성벽의 윤곽이 거의 남아 있지 않다. 성문은 남쪽에 나 있다.

이러한 소형 행재성들은 대부분 소규모 읍락의 통치 집단이 거주하면서 행정 기능을 담당하고, 전시에는 방어 기능을 담당했던 것으로 보인다. 다만 규모가 너무 작아 전쟁 때는 농성과 방어에 큰 기능을 하지 못했다.

부여의 관방체계는 사방에 위치한 성들이 도성을 방어하려고 축조되었다기보다는 각 지역을 방어하기 위한 목적으로 설치된 것이 특징이다. 이는 부여의 연맹체적 통치 조직과 일맥상통하는데, 각 지역에서 자치권을 행사하던 세력은 왕이 거주하는 도성보다는 자신이 거주하는 지역을 더 중요하게 인식했고, 자신의 지역을 방어하기 위해 자체적인 방어체계를 구축하였다. 이 때문에 몇몇 중진성重鎭城을 제외하면 지방의 성들은 대부분 규모가 작아 전쟁이 발발하면 방어에 별다른 도움을 주지 못했다. 이러한 방어체계로 인해 모용선비의 285년·346년 두 차례 침입에 도성이 쉽게 함락되는 모습을 보인다.

제5장 부여는 누구의 역사인가

부여가 우리 역사에 미친 영향은 지대하다. 고구려와 백제가 자신들의 출자임을 주장하고 있고, 발해 역시 부여 문화의 계승을 천명하고 있다. 심지어 가야와 일본의 고대 국가 형성에 커다란 영향을 미친 것으로 보기도 한다. 그럼에도 불구하고 그동안의 우리 상고사 연구는 고조선 연구에 집중되어 있었고, 부여는 고조선과 삼국시대를 연결하는 초기 국가 중 하나로만 치부되어 주변으로 밀려나 있었다. 이는 고조선, 고구려와 달리 부여의 강역 범위가 한반도를 벗어나 있다는 점도 일정 역할을 하였다. 그러나 최근에는 한반도 고대 국가 형성과 관련하여 부여에 대한 관심이 높아지고, 고고학 자료 역시 증가하면서 새롭게 주목받고 있다.

근대 학문 개념에서의 부여사 연구는 일본인이 시작하였다. 일본은 만주를 침략하는 과정에서 사전 조치의 하나로 문화 유적 조사와 함께 관련 역사에 대한 연구를 진행하였다. 그 과정에서 이케후치 히로시池内宏, 시마다 코우島田好, 시라토리 구라키치白鳥庫吉, 히노 가이자부로日野開三郎 등이 부여 관련 논문을 발표하였다. 이 시기 조연걸曹延杰, 정겸丁謙, 김육불金毓黻 등 중국 학자들도 만주 지역의 역사를 정리한 개설서를 발간하였는데, 그 과정에서 부여 역사와 지리에 대한 문헌 고증이 이루어졌다. 1940년대에 들어서 처음으로 부여 유적과 유물에 대한 조사가 시작되었다. 당시 이문신李文信은 처음으로 길림시 용담산과 동단산 일대 관련 유적을 조사하고 그 결과를 논문으로 발표하였다.

1960~1970년대의 부여사 연구는 북한이 주도하였다. 1963년에 리지린과 황철산 등이 부여 관련 연구를 진행하였고, 1970년대에 이러한 연구 결과물이 정리되어 『조선전사 2』에 실렸다. 그 당시 중국에서는 서단산문화 연구에 집중하여 부여 관련 연구는 거의 이루어지지 않았는데, 길림시 일대에 석기문화·서단산문화 외에 제삼문화第三文化가 존재하고 있음을 밝힌 연구(張忠培, 1973)가 거의 유일한 부여 관련 연구 성과였다. 이 시기 한국에서는 처음으로 부여가 한국사의 연구 주제로 다루어지기 시작했다. 부여의 사회현상(이기백, 1970), 신화·전설(유명종, 1972), 국가 명칭(이병선, 1976) 등에 대한 연구와 부여사를 종합적으로 정리한 연구(이병도, 1976)도 이루어졌다. 일본에서도 부여의 정치체제에 관한 논문(井上秀雄, 1976)이 발표되었다.

1980년대에 들어서는 부여사 연구의 주도권을 중국이 가져갔다. 이 시기 중국에서는 서단산문화 연구가 어느 정도 정리되고, 길림시 일대에서 부여의 유적과 유물이 다수 조사되면서 연구 방향이 점차 부여로 전환되었다. 기존의 부여사 연구가 주로 문헌을 대상으로 이루어졌다면, 이 시기에는 문헌 자료와 고고학 자료를 함께 이용하여 부여사를 종합적으로 해석하려는 시도가 이루어졌다. 대표 학자로는 장박천張博泉, 이건재李建才, 왕면후王綿厚, 마덕겸馬德謙, 임운林澐, 유경문劉景文 등이 있다. 한국에서는 부여의 건국신화 연구(이복규, 1982)와 동부여 관련 문제점(노중국, 1983), 부여 강역 문제(노태돈, 1989) 등을 다룬 논문이 발표되었다. 일본의 경우 다무라 코이치田村晃一의 연구(1987)가 유일하다.

1990년대의 부여사 연구는 한국을 중심으로 이루어졌다. 당시 한국에서는 부여의 다양한 명칭을 해석하는 연구(공석구, 1990: 이도학, 1991)와 부여의 사회체계와 구조를 분석한 연구(김도용, 1994: 박경철, 1996), 부여사를 종합적이고 체계적으로 정리한 연구(송호정, 1997), 고고학적 방법론에 입각한 서단산문화와 부여 문화의 특징을 비교·분석한 연구(오영찬, 1999), 물질문화 자료를 통해 부여의 사회체계를 해석하려는 연구(박양진, 1999) 등이 진행되었다. 이 시기에 한국에서 부여 관련 연구가 급격히 늘어난 이유는 1992년 중국과 수교를 맺으면서 학술 교류 및 관련 자료 수집이 용이해졌기 때문이다. 중국에서는 길림시 일대 부여 유적에 대한 발굴조사가 꾸준히 이루어지고, 더불어 관련 발굴보고서가 발간되면서 이전 시기보다 더욱 다양한 견해들이 제기되었다. 일본에서는 나카야마 키요타카中山清隆, 가미사키 쇼우神崎

勝 등이 부여사 관련 논문을 발표하였으며, 북한에서는 후부여 관련 연구(김병용, 1991, 1992)가 진행되었다.

2000년대에 들어서는 부여 역사와 고고학을 전공해 박사학위를 받은 부여 전공자가 배출되었다. 대표적으로 부여 및 선사 문화와 주변국의 역사와 문화를 비교 분석하여 부여의 인종적·문화적 특징을 분석한 마크 바잉턴*A History of the PUYO state, its People, and its Legacy*, 2003이 있고, 필자도 『부여문화연구夫餘文化硏究』(2004)를 통해 부여 고고학 문화를 종합적으로 정리하여 부여 문화의 특징과 정체성을 분석한 바 있다.

2004년 한국고대사학회에서 처음으로 부여사를 주제로 학술대회를 개최한 이후 부여사와 관련된 학술대회와 세미나가 다수 개최되었다. 부여사 관련 단행본도 출간되었다. 2008년에 동북아역사재단의 기획 연구 결과를 종합한 『부여사와 그 주변』, 2009년에 부여 문화 성립과 관련하여 동북 지역 초기 철기시대 문화와 발전 양상을 다룬 필자의 『송화강유역 초기철기문화와 부여의 문화기원』, 2015년에 부여 역사와 문화를 종합적으로 정리한 송호정의 『처음으로 읽는 부여사』가 출간되었다. 2018년에는 한국에서 최초로 이승호가 「부여 정치사 연구」로 박사학위를 취득하였다.

이렇듯 여러 국가의 연구자들이 부여 관련 연구를 진행하고 있지만, 그들의 시각은 매우 상이하다. 한국의 경우 역사주권론에 입각한 역사계승론적 입장에서 고조선 계승을 강조하면서 한국사에서 두 번째로 출현한 국가라는 시각에서 부여사를 해석하고 있다. 북한도 우리와 비슷한 인식하에 민족주의와 사회주의가 혼합된 형태의 연구를 진행하고 있다. 반면에 중국은 영토주권론에 입각한 다민족통일국가론 입장에서 부여의 영역이 현재 중국의 영토 범위에 포함된다는 점을 강조하여 자국의 변방사로서 부여사를 기술하고 있다. 이 밖에도 서구의 경우 부여의 독자성을 강조하여 부여는 부여 자체의 역사이지 후대의 한국 혹은 중국에 예속된 국가가 아니라는 인식하에 연구를 진행하고 있다.

이 장에서는 자국의 역사 인식 논리에 따라 가장 충실하게 역사를 기술하고 있는 중국과 북한의 부여사 연구 현황과 인식을 살펴보도록 한다.

1.

중국의 부여사 연구 현황과 인식

중국은 2000년대 들어 중앙정부의 지원 아래 변방 지역에 대한 공정工程사업과 더불어 경제 발전에 따른 문화의식이 성장하면서 지역사에 대한 관심 증가와 함께 소수민족에 대한 역사와 유적 조사가 활발하게 이루어지고 있다. 중국의 부여사 인식은 '부여는 고대 중국 동북 지역의 일개 소수민족이 건립한 중원 왕조의 지방 노예 정권'으로 규정하는 것에서 출발하며, 모든 부여 관련 연구는 이러한 인식을 토대로 진행되고 있다. 특히 중원 왕조사에 동북 지역의 소수민족사를 모두 편입시키려는 입장에서 동북 지역 소수민족 중 처음으로 정권을 수립한 부여는 최우선 연구 대상이 되었고, 이 과정에서 부여사 관련 연구가

〈그림 37〉 중국의 부여사 인식을 알 수 있는 신문 보도 자료(『신문화보』 2003. 10. 26.)

크게 증가하고 있다. 여기서는 2000년대 이후 이루어진 중국의 부여사 연구 중 대표적인 몇 권의 책을 분석해 봄으로써 중국의 부여사 연구 현황과 인식을 보고자 한다.

2000년대 들어 부여사에 가장 먼저 관심을 가진 곳은 길림시 지방정부였다. 길림시 지방정부는 2002년에 지역사와 고고학을 전공하는 전문가를 초빙하여 길림시사 편찬을 논의하는 과정에서 길림시 역사의 출발점인 부여사를 새롭게 정립할 필요성이 대두되었다. 이를 위해 첫째, 동단산과 모아산 주변에서 이루어진 발굴에 대한 발굴보고서 발간, 둘째, 그동안 이루어진 부여 관련 연구 논문을 집성한 『부여왕국논집夫餘王國論集』 편찬, 셋째, 서단산문화연구중심西團山文化研究中心과 부여문화연구중심夫餘文化研究中心 건립 등이 목표로 설정되었다. 이 중 『부여왕국논집』 편찬은 이미 서단산문화 관련 논문들을 모아 4편의 『강성문박총간江城文博叢刊』을 발행한 경험이 있는 동학증董學增이 담당하였다. 그는 2003년에 『부여왕국논집』, 2007년에는 1집에서 제외된 논문을 따로 모아 『부여왕국논집: 속편續編』을 간행하였다.

제1집은 중국 문헌에 수록된 부여 관련 자료 집성, 중국 학자가 연구한 부여 관련 논문 집성, 외국인의 부여 관련 연구 자료 집성 등 세 부분으로 구성되었다. 문헌 기록을 제외하고 수록된 논문은 모두 55편으로 중국 학자 논문 52편, 외국인 학자 논문 3편 등이다. 중국 학자의 논문은 1932~2002년까지 발표된 것을 모두 집성했다고 설명하고 있으나, 검토 결과 30여 편이 누락되었다. 그래서인지 2007년에 논집에 실리지 않은 30여 편을 다시 모아 속집을 출간하였다. 외국인 저술 논문은 이케우치 히로시의 「부여고」, 북한 『조선전사』에 실린 부여사 관련 부분, 김병용의 「후부여 건립」 등 3편에 불과하다. 한국의 경우 2002년까지 대략 40여 편의 부여 관련 논문이 발표되었으나 한 편도 수록하지 않았다.

<그림 38> 『부여사연구』 표지

    2010년대에는 부여사를 전문적으로 다룬 단행본이 출판되었는데, 대표적인 것이 양군의 『부여사연구』(蘭州大學出版社, 2012)와 범은실范恩實의 『부여흥망사』(社會科學文獻出版社, 2013) 등이다.

    『부여사연구』의 필자 양군은 요녕사범대학遼寧師範大學 역사학과를 졸업하고, 길림대학吉林大學 고적연구소古籍研究所에서 석사와 박사학위를 취득하였으며, 현재는 길림대학 역사학과 교수로 재직 중이다. 주로 동북지방사를 연구하고 있으며, 전공은 고구려사이다. 이 책의 저술 배경에 대해 양군은 전공인 고구려사를 연구하는 과정에서 그 기원 및 계승과 관련하여 부여와 발해에 대해서도 관심을 갖게 되었고, 시대별로 단행본을 발행할 결심을 하였는데, 고구려와 발해 관련해서는 이미 단행본을 출간하였기에 마지막으로 부여와 관련해『부여사 연구』를 내게 되었다고 적고 있다.

이 책의 목차 구성을 살펴보면, 본론에 앞서 부여와 관련된 한국 사료, 즉『삼국사기』와『삼국유사』의 사료적 가치를 검증하였다. 본론에서는 부여사 연구에서 풀어야 할 과제와 문제점을 주제로 삼아 모두 13개의 장으로 나누고, 장마다 자신의 견해를 제시하였다. 권말에는 부록으로 이규보의『동명왕편東明王篇』과 한국 고대사 계보를 간략히 정리하여 실었다.

양군은 한국 사료의 운용과 관련하여『삼국사기』의 경우 부여가 멸망한 후 650년이 지난 후 편찬되었지만, 인용한 자료가『구삼국사舊三國史』라는 점과『구삼국사』도 과거 삼국시대 고구려·백제·신라의 역사서를 인용했으리라는 점에서 사료적 가치를 인정하였다.『삼국유사』의 경우 승려 일연이 개인적으로 편찬하였고, 인용 사료인『고기古記』가 늦은 시기에 만들어졌으며, 내용 역시 믿을 수 없고, 대부분 고대 설화에 불교적 요소가 가미된 내용으로 사료적 가치를 낮게 평가하였다.

본문에서는 다부여설多夫餘說과 일부여설一夫餘說, 북부여北夫餘와 동부여東夫餘의 실체를 다루었다. 두 주제 모두 부여국을 하나의 국가로 볼 것인지 아니면 두 개 이상으로 볼 것인지 하는 문제에 대한 논의이다. 중국 문헌 기록에는 부여라는 하나의 국가 명칭만 나오는 반면, 한국 사서와 금석문에는 북부여, 동부여 등 2개 이상이 나타난다.

첫 번째 장에서는 다부여설과 일부여설에 대해 논하고 있다. 하나의 부여설은 이건재가 주창하였다. 즉, 한국 문헌에 등장하는 북부여·동부여가 실제로는 하나의 부여라는 견해이다. 동부여란 명칭은 285년 모용외의 침입을 받은 부여가 옥저로 피난하면서 이 지역의 부여인을 지칭한 것이거나 혹은 346년 '서사근연'으로 지금의 농안 일대로 새롭게 천도하였는데, 그 동쪽의 옛 도성 지역을 불렀던 명칭으로 파악하였다. 다부여설은 장박천이 제기한 학설로, 부여 존립 당시에 실제 여러 개의 부여가 존립하고 있었다고 본다. 이 견해는 다시 부여를 두 개로 보는 의견, 세 개로 보는 의견, 네 개로 보는 의견 등으로 나뉜다. 양군은 이 두 가지 설이 나타나게 된 배경을 한국 사료의 부정과 긍정에서 찾고 있다.

두 번째 장에서는 북부여와 동부여의 실체를 다루고 있다. 양군은 『삼국유사』의 기록을 사실로 받아들여 해부루 이후의 왕위 계승 문제로 분열하기 전까지는 하나의 부여였고, 중국 정사에 전하는 부여와 같으며, 한국 사서의 북부여에 해당하는 것으로 파악하였다. 동부여의 실체에 대해서는 다부여설에 따라 다른 국가로 인정하였다. 동부여에 대한 자신의 견해는 여섯 번째 문제에서 세부적으로 다루고 있다. 또한 285년과 346년에 사건이 일어난 부여는 중국 정사에서 확인되는 부여(북부여)로 파악하였다.

세 번째 장에서는 부여의 분열과 천도 시점에 관한 문제를 다루었다. 부여의 분열은 대략 4차례에 걸쳐 일어나는데, 첫째는 북이 색리국에서 탈출한 동명이 부여를 건국한 시점이며, 둘째는 『삼국유사』에 해부루가 동부여를 건립한 시점, 셋째는 주몽이 동부여에서 나와 고구려를 건국한 시점, 넷째는 비류와 온조가 고구려에서 남하하여 백제를 건국한 시점이다. 양군은 1·2차 분열과 천도에 대해서 다루었는데, 결국은 앞서 설명한 북부여(부여)와 동부여의 실체를 인정하는 전제하에 논의가 진행되고 있다. 즉, 부여인들은 원래 연나라 이북에서 활동하였는데, 대략 기원전 2세기 60년대에 동명의 인솔하에 동쪽의 예맥 거주지로 이동하여 나라를 세웠고, 대략 기원전 2세기 40년대에 부여국은 북부여와 동부여로 갈라지는 것으로 파악하였다. 또한 고구려 왕 세계도世系圖에 대한 고증과 『사기』 「화식열전貨殖列傳」을 분석하여 『삼국유사』에 나오는 동명이 부여를 건국한 신작神爵 3년(기원전 59)의 기록이 오류임을 증명하고 있다.

네 번째 장에서는 동명신화(양군은 전설로 표기함)에 대한 해석 문제를 다루었다. 부여 개국 시조를 중국 문헌에서는 동명으로 기록하고 있으나, 한국 사서에는 해모수라 적혀 있다. 이에 대해 양군은 동명이란 호칭은 부여어로 나라를 새로 건국한 개국 군주를 부르는 칭호이며, 해모수는 부여어로 천자天子의 자子 혹은 천자의 의미로 사용되었다고 해석하였다. 또한 부여의 동명 전설과 고구려의 주몽 전설은 내용상 매우 비슷하지만, 같은 전설의 두 개 판본이 아니라 서로 다른 두 개의 신화로 파악하였다.

다섯 번째 장에서는 북부여 및 색리국 강역에 대한 문제를 다루었다. 부여의 강역은 시기에 따라 차이를 보이는데, 동한 이전은 포자연 문화의 분포를 근거로 하여 길림시 일대를 중심으로 북류송화강 중류 일대로 한정하였다. 전성기 때의 범위는 『후한서』와 『삼국지』에 근거하여 송눈평원과 길림합달령 대부분의 지역을 포함한 것으로 파악하였다. 색리국의 강역 범위는 랍림하 이북으로 추정하고, 백금보문화와 관련이 있는 것으로 보았다. 그러나 이러한 가설의 성립 여부는 이후의 연구에 기대해야 한다는 것으로 결론을 맺었다.

여섯 번째 장에서는 동부여 문제를 다루고 있다. 동부여를 부여(북부여)와는 다른 또 하나의 부여로 인식하고, 동부여의 강역 범위를 지금의 두만강 이남 동북한 일대로 설정하였다. 고구려 시조 주몽은 동부여를 나와 나라를 건국하였는데, 5세기대 고구려 금석문에 북부여에서 출자한 것으로 기록한 것은 동부여가 이 시기에 이미 고구려에 복속되었기 때문에 고구려 왕실의 권위를 높이기 위해 그 출자를 북부여로 기록한 것으로 보았다. 또한 『삼국사기』에 의하면 1세기 40년대 전후에 동부여는 고구려에 의해 멸망되었는데, 관구검이 고구려를 정벌한 이후 고구려의 세력이 크게 약화된 틈을 노려 고구려의 통치에서 벗어났다가, 광개토태왕 즉위 시기에 다시 복속된 것으로 파악하였다.

일곱 번째 장에서는 두막루豆莫婁에 대한 견해를 정리하였다. 두막루는 북부여 왕성이 '서사근연' 전후에 일부 부여인이 동류송화강을 건너 북쪽으로 이동했는데, 부여가 멸망한 후에 그 후예들이 세운 후 대략 400여 년간 존속한 것으로 파악하였다. 두막루의 강역은 대략 남쪽으로는 눈강과 동류송화강을 경계로 하며, 동북쪽은 소흥안령과 흑룡강 유역, 서쪽으로는 대흥안령 동록까지 설정하였다.

여덟 번째 장에서는 부여의 명칭과 종족 기원에 관한 문제를 다루었다. '부여'는 소수민족의 언어로 자신을 칭하던 명칭으로 한자로 음역하는 과정에서 부여, 오유, 부유 등으로 다양하게 나타난 것으로 파악하였다. 한자 고음 중 부여의 '부夫' 독음讀音이 '발發', '맥貊', '호毫' 등의 두음과 거의 일치하는 것으로 보아 그 의미를 '맥인貊人'으로 파악하였다. 즉 부여인의 종족적 기원을 맥인의 한 갈래로 보았고, 맥인은 동호족계와 관련이 있는 것으로 보았다.

아홉 번째부터 열두 번째 장에서는 주로 부여의 정치, 사회, 경제 등을 논하였다. 먼저 문헌 기록에 나타나는 부여 왕명을 분석하고, 다음으로 부여의 사회구조 문제를 다루었다. 부여의 사회계층을 지배계층, 평민, 노예 등으로 나누고 지배계층으로는 왕과 귀족, 관료 등이 포함되며, 평민층은 호민과 하호, 최하위는 노예로 보았다. 관료제도에 대해서는 늦어도 120년 전후에 이미 왕위 계승제도가 형성되었고, 『삼국지』에 기록된 부여의 관명은 모두 완전한 한어 번역이 아니라 부여어의 의미가 남아 있는 것으로 파악하였다. 부여의 중앙 관제를 제가諸加류와 사자使者류로 구분하고, 전자는 읍락 귀족으로, 후자는 아직 읍락을 물려받지 못한 정부 중임직 제가의 자제로 파악하였다. 또한 초기에는 제가가 커다란 권력을 가지고 있었으나 점차 왕권이 강해지면서 왕에 인접한 사자류 관원 세력의 힘이 커진 것으로 보았다. 부여의 경제는 농업과 목축업을 기반으로 하며, 어렵이 보조적으로 이루어졌던 것으로 파악하였다. 더불어 토기 제조업과 방직업, 제철업, 제련업, 옥기 제조업 등 수공업이 상당한 수준에 도달해 있었으며, 사통팔달의 교통로를 통해 주변국과 활발한 대외 교류가 이루어진 것으로 보았다.

마지막으로 (북)부여 유민의 동향 및 발해 부여부에 대해 언급하였다. 부여 유민은 모용선비와의 전쟁으로 인해 전연에 포로로 끌려가면서 발생하였고, 멸망 후에는 고구려 혹은 말갈에 융합되거나, 일부는 북쪽으로 이동해 두막루를 세운 것으로 보았다. 발해는 부여 고지의 동부에 속주를 설치하고, 서부에는 부여부를 설치하였으며, 북부에는 막힐부를 설치하였는데, 발해의 부여부는 지금의 농안 일대로, 막힐부는 지금의 흑룡강성 아성 일대로 추정하였다.

이 책의 장점은 그동안 학계에서 숙제로 인식하던 부여사 관련 문제들을 하나의 장으로 설정하고, 각 주제에 따른 기존의 연구 성과를 모두 정리한 후 자신의 견해를 피력한 점을 들 수 있다. 다만 한국 사서와 중국 사서에 등장하는 부여 관련 내용을 대부분 역사적 사실로 인정하고, 이를 시대순으로 정리하여 논지를 전개하다 보니 서로 모순되는 부분이 많은 것이 문제점이라 할 수 있다. 즉, 주제별로 기존의 연구 성과를 잘 정리하고 있으나 자신의 견해를 제시하는 과정에서 많은 논리적 모순이 나타나고 있어 보완이 요구된다. 또한 전반적으로 한국 사료에

〈그림 39〉『부여흥망사』표지

대해 부정적인 시각이 있는 점과 최근에 발표된 한국의 연구 결과를 충분히 인용하지 않았다는 점도 한계로 지적된다.

『부여흥망사』의 필자인 범은실은 길림성 유수현楡樹縣 출신으로 남개대학南開大學 역사학과를 졸업하고, 북경대학北京大學 역사학과에서 석사와 박사학위를 취득하였다. 절강대학浙江大學 중국고대사연구소에서 박사 후 과정Post-Doc을 거쳐, 현재는 중국사회과학원 중국변강사지연구중심 연구원으로 근무 중이다.

범은실은 현재 중국 학계에 부여사의 중요성을 알리고, 관련 연구를 활성화하려는 목적으로 책을 집필하게 되었다고 밝히고 있다. 또한 동북 지역 고대사에서 매우 큰 비중을 차지하는 부여에 대해 한국과 북한은 열정을 가지고 다양한 연구를 진행하고 있는 반면, 중국은 부여 역사 영역이 모두 중국 경내에 포함되어 있고, 관련 사료가 모두 중문으로 되어 있어 다양한 연구 결과를 도출할 수 있음에도 불구하고 아직 기본 사실 고증이라는 초보적인 단계에 머무르고 있다는 점에 아쉬움을 표하며 더 많은 연구가 필요하다는 견해를 제기하고 있다.

책의 구성을 살펴보면 서론에서는 그동안 학계에서 이루어진 부여사 연구 현황을 부여사지 고증, 고고학 연구, 사회발전사 연구 등으로 나누어 정리하였다.

첫 번째, 부여 역사의 지리 고증에 대한 연구사 정리에서는 주로 부여의 종족적 기원과 관련된 연구, 색리국에 대한 연구, 부여의 강역과 왕성에 대한 연구, 부여와 북부여·동부여에 대한 연구 등으로 나누어 주제별 연구 성과를 시기별로 정리하였다. 두 번째는 고고학의 연구 성과를 정리하였으며, 세 번째는 사회발전사 방면으로 부여 국왕에 대한 연구, 신분제도 연구, 지방통치 연구 등으로 나누어 그동안의 연구 성과를 체계적으로 정리하였다.

본문은 모두 4개의 장으로 구성되었다. 제1장은 부여의 국가 기원을 다루고 있으며, 부제로 '고구려 국가 기원과의 상호 비교'라는 제목을 달고 있다. 제1절에서는 부여 문화의 성립 과정을 고고학 자료를 토대로 분석하고 있다. 먼저 선행 연구에 대한 검토와 고고학 자료에 대한 분석을 통해 부여 문화의 성립 과정을 살펴보고, 부여 건국신화에 대한 해석 순으로 논지를 전개하였다. 논지를 정리하면, 고고학적으로 부여의 출자는 눈강 중하류 유역의 백금보-한서2기문화가 아닌 서단산문화로 보았으며, 서단산문화의 기반에 중원의 연·진·한 문화가 유입되어 부여 문화가 완성된 것으로 파악하였다. 부여의 동명신화 역시 중원 지역의 중토문화中土文化에서 일정 부분 영향을 받은 것으로 보았다.

제2절에서는 '고구려 문화 흥기의 고고학적 분석'이라는 제목으로 고구려 건립 이전 요동 지역 고고학 문화의 변화 양상과 고구려 성립 시기 고고학 문화의 특징, 고이高夷·맥과 고구려의 관계를 설명하였다.

제3절에서는 요동 지역 고인돌의 기원과 한반도 지역 고인돌과의 관련성에 대해 다루었다.

제4절에서는 '부여·고구려 국가의 기원 비교 연구'라는 제목에 '화하변연역사족군국가기원적양조도로華夏邊緣歷史族群國家起源的兩條道路'라는 부제를 달았다. 범은실은 부여·고구려 국가의 기원을 기존 학설과는 달리 현지 문화의 자생적인 발전과 중원

문화의 영향을 받아 형성된 것으로 파악하였다. 부여의 경우 서단산문화를 기초로 철제 농기구를 대표로 하는 중원의 선진 농업 생산 방식이 유입되어 부여 문화 형성의 동력이 되었으며, 고구려는 통화·환인 지역의 토착문화 요소에 현토군의 문화적 영향력이 고구려 문화 형성에 원동력이 된 것으로 파악하였다.

제2장에서는 '부여와 양한 관계 측증側證'이란 제목으로 중원 왕조와의 교류 관계를 다루고 있다. 제1절에서는 전한 시기 제1현토군 관할구역에 대한 학술적 논쟁을 정리하고, 옥저설을 비판하였다. 또한 제2현토군 설립 과정과 제2현토군 관할지역에 대해서도 기술하고 있는데, 결론적으로 제2현토군은 통화 지역을 중심으로 맥인의 활동을 통제하기 위해 설치된 것으로 파악하였다. 제2절에서는 서차구고분군의 족속에 대해 논하였다. 서차구고분군 출토 유물을 분석하여 이 유적에는 토착문화 요소, 북방초원문화 요소, 평양묘장문화 요소, 한문화 요소, 부여 문화 요소 등 서로 다른 5개의 문화 요소가 복합적으로 내재되어 있으며, 이 고분군을 조영한 집단을 오환으로 파악하였다. 제3절에서는 한대의 동북 지역 변강정책에 대해 논하면서 한의 부여에 대한 인식을 다루었다. 특히 부여와 한의 우호적 관계에 대해 집중적으로 강조하였다.

제3장에서는 부여 정치체계 연구라는 큰 틀 아래 제1절에서

는 '부여 정치체계의 역사·사회학적 해석'이란 제목으로 부여 정치에 대해 언급하였다. 첫 번째로는 『삼국지』「부여조」 중 우가의 반란과 관련하여 새로운 해석을 시도하였다. 두 번째로는 부여 사회의 정치적 역할에 대해 왕, 제가, 사자, 국인 등으로 나누어 그 특징을 살펴보았다. 범은실은 부여의 계층을 귀족(제가, 호민), 국인(평민)과 하호, 소수의 노예로 파악하였고, 사회 발전 단계를 왕권이 점차 강화되고 있지만 아직은 단계가 낮은 '가족국가'로 규정하였다. 제2절에서는 유수 노하심고분군에 대한 세부적인 분석을 통해 부여의 지방 통치체제를 분석하고 있다. 그러나 대부분 이미 한국에서 이루어진 연구 결과를 재인용하는 수준에 그쳤다. 제3절과 제4절에서는 고구려의 품위제와 국가 정치체제, '사자', '조의선인皂衣先人' 등에 대해 다루었다.

제4장에서는 부여의 멸망에 대해 논하고 있다. 제1절에서는 부여 쇠망의 과정 및 그 영향에 대해 다루었다. 먼저 부여 멸망의 역사적 과정을 문헌 기록을 통해 세부적으로 살펴보았으며, 다음으로 '부여', '북부여'와 '동부여'의 실체를 논하였다. 범은실은 동부여를 동옥저와 하나로 보았으며, 일찍이 고구려에 복속되었다가 일정 시기에 다시 부여에 복속되었고, 이를 광개토태왕이 다시 복속시킨 것으로 파악하였다. 또한 부여 멸망이 동북 지역 정세에 어떤 영향을 미쳤는지 자세히 언급하였다. 마지막

으로 부여가 멸망한 이후 유민의 이동에 대해 논하였는데, 부여인이 가장 많이 옮겨 간 곳은 전연이며, 두 번째는 고구려, 세 번째는 물길로 파악하였다. 제2절에서는 염모冉牟 묘지에 대한 연구를 진행하였다. 이 묘지를 염모 묘지로 볼 것인가 모두루牟頭婁 묘지로 볼 것인가 하는 문제에 대해 묘지명 분석을 통해 염모 묘지로 보는 것이 타당하다는 결론을 내렸다. 또한 묘지를 편찬한 모두루의 직책인 대사자와 노객에 대한 해석도 시도하였으며, 묘지의 내용을 통해 고구려의 대對부여 통치 방법을 언급하였다.

범은실의 『부여흥망사』는 철저하게 중국의 다민족통일국가론에 입각해 저술되었다. 내용을 보면 부여사만을 다룬 것이 아니라 고구려사까지 세부적으로 다루고 있다. 특히 이들 국가에 미친 중원의 영향력을 강조하고 있다는 점에서 책의 제목을 '중원문화와 동북 지역 소수민족'으로 수정하는 것이 훨씬 더 어울릴 듯하다. 아마도 이 책이 현재 중국의 부여사 연구 동향을 가장 잘 반영하고 있는 것이 아닌가 생각된다. 중국에서 이러한 연구가 계속된다면 한국사에서 부여의 존재는 사라지게 될 것이다. 이는 한국사 전체의 뿌리를 흔드는 중대한 사안이기 때문에 우리 역시 부여의 역사적 정체성을 확립할 수 있는 연구 기반을 시급히 확립해야 한다.

이상에서 살펴본 바와 같이 지금까지 부여사 연구는 문헌 및 고고학 자료의 부족이라는 한계로 인해 별다른 진전을 보지 못하고 있는 실정이다. 최근에 중국에서 정치적·경제적 이유로 부여사 관련 연구가 다소 활기를 띠고 있으나 이 역시도 대부분 기존의 연구 성과를 정리한 수준에 불과하다. 부여 고고학 전문가인 필자도 지금까지 연구된 자료만으로 새로운 견해를 제시한다는 것은 불가능하다고 생각한다. 부여사 연구가 한 단계 더 발전하려면 부족한 문헌 자료를 보충할 수 있는 새로운 고고학 자료의 발굴이 필요하다. 특히 부여의 전기 왕성으로 비정한 길림시 일대의 부여 유적에 대한 보고서 발간은 모든 부여사 연구자가 염원하는 일이다. 1990년대부터 시작되어 지금까지 연차적으로 진행된 동단산과 모아산 유적 발굴보고서가 아직도 발간되지 않았다는 것은 중국이라는 국가 전체를 떠나서 고고학자 개인 혹은 집단의 직무 유기이다. 조속한 시일 내에 관련 자료가 출간되기를 기대한다.

2.

북한의 부여사 연구 현황과 인식

 북한은 역사학을 사회과학의 한 분야로 파악하기 때문에 역사 연구의 방법론적 기초를 유물사관에 두고 모든 연구를 진행하고 있다. 즉, 역사의 발전 과정을 생산력 발전에 의한 사회경제 구성체의 합법칙적 교체 과정으로 보며, 계급사회에서 역사 발전의 추동력을 계급투쟁으로 본다. 이에 따라 역사학자들은 사회의 존재와 발전의 기초를 물질적 부의 생산 방식에서 찾고, 역사적 현상들 사이의 내적인 연관성을 밝혀내는 작업을 진행하고 있다. 북한 역사학계에서는 향후 연구 방향을 조국의 평화적 통일과 사회주의 건설 연구, 조선 인민의 혁명 전통 및 애국 전통 연구, 우리나라 사회 발전의 합법칙성 연구, 민족문화 연구 등 네 가지로 설정하였다.

이러한 과업을 수행하기 위해 1948년 처음으로 역사편찬위원회가 구성되었고, 1952년에는 과학원 산하에 역사연구소가 설립되면서 북한의 역사 인식과 시대 구분 논의가 본격적으로 시작되었다. 당시 역사 연구의 기본 과제는 식민사학 극복과 유물사관에 입각한 통사와 최근세사 편찬이었다.

그 결과 1956년 처음으로 『조선통사』 상권이 출판된다. 당시에는 전문 연구자들이 절대적으로 부족했기 때문에 조선 민족의 기원, 고대 국가들의 형성 시기와 영역, 한사군의 위치 등 고대사 부분을 애매하게 처리하였다. 이후 북한 역사학계에서는 '원시공동체 사회-고대 노예제 사회-중세 농노제 사회-근대 자본주의 사회-현대 사회주의 사회'로 발전한다는 유물사관에 우리 역사를 어떻게 부합시킬 수 있는지에 대한 화두가 대두되었다. 특히 '우리 역사에 과연 고대 노예제 사회가 존재하는가?'라는 문제에 관해 커다란 논쟁이 발생하였다.

1956년에 개최된 '삼국의 사회경제 구성에 관한 토론' 과정에서 두 견해가 첨예하게 대립하였는데, 노예제론을 주장하는 이들은 삼국시대를 노예제 사회로 간주하고 신라의 삼국 통일 이후를 봉건제 사회로 규정하였다. 봉건제론을 주장하는 이들은 우리 역사는 노예제 사회를 거치지 않고 직접 봉건적 경제 형태로 성장한 것으로 파악하였다. 두 견해는 이후 봉건제론 입장으로 정리되었는데, 교조주의와 형식주의를 퇴치하고 주체를 강조하던 당시의 정치적 분위기와 맞물려 나타난 결과였다.

그러나 삼국의 사회 성격을 봉건제로 정리함에 따라 삼국에 앞선 고조선의 국가 성격을 어떻게 보아야 하는지에 대한 논란이 발생하였다. 이로 인해 1960~1962년 '고조선의 국가 성격에 관한 토론회'가 개최되었고, 최종적으로 노예제론자의 의견을 수용하여 삼국에 선행한 고조선·부여·진국을 노예제 사회로 규정하였다. 이러한 과정을 거치면서 북한 학계의 고대·중세시대 구분은 원시사회(구석기·신석기)-고대 노예제 사회(고조선·부여·진국)-중세 봉건제 사회(1~2세기·삼국)로 정리되었다. 그 결과 1962년 개정판 『조선통사』에서는 기존의 발굴 성과를 토대로 원시사회인 구석기시대와 신석기시대의 존재를 명확히 제시하였으며, 기원전 20세기부터 청동기시대가 시작되고, 기원전 8세기 이전에 고대 국가인 고조선이 성립되었으며, 기원전 5세기 무렵에는 부여와 진국이 출현하는 것으로 서술했다.

1970년대에 들어와 북한에 김일성주의를 표방한 주체사상이 확립되면서 역사학 연구 방향에도 큰 변화가 나타난다. 즉, 역사학이 주체사상을 연구하는 사회과학으로 재정립되면서 주체사관에 입각한 역사 해석이 집중적으로 진행되었다. 주체사관은 유물사관의 단계적 발전 법칙을 인정하면서도 시대 구분의 척도를 인민 대중의 지위와 역할이 발전하는 과정에 둔다는 점에서 차이가 있다. 그러나 주체사관에 따른 역사 해석은 고대·중세 사회에는 크게 적용되지 않았으며, 이 시기에는 새로운 연구가 진행되기보다는 이전의 성과를 간추린 글이나 어느 한 분야의 역사만을 서술하는 부문사 출간이 대부분이었다. 이는 1977년에 발행된 『조선통사』 제3판에서도 확인할 수 있는데, 구성은 큰 틀에서는 변화가 없으며, 민족의 자주성을 강조하는 주체사관에 입각하여 농민 항쟁과 대외 항쟁을 크게 부각한 것이 특징이다.

1980년대 들어 김정일이 '조선 민족 제일주의'를 제창하면서 북한에는 민족을 강조하는 '북한형 민족주의 역사학'이 새롭게 등장했다. 이것은 경제생활의 공통성을 강조한 스탈린식 민족 개념을 비판하면서 민족을 이루는 기본 징표는 핏줄·언어·지역의 공통성이며, 이 가운데서도 핏줄과 언어의 공통성을 민족을 특징짓는 가장 중요한 지표로 설정하였다. 조선 민족 제일주의는 고유한 문화와 전통을 창조한 자기 민족의 우수성에 대한 인식과 모든 민족이 고유한 내용과 방식으로 인류 역사에 공동으로 기여했다는 인식이 바탕에 깔려 있다. 여기에 자기 민족의 우수성은 탁월한 지도자를 모신 민족만이 가질 수 있다는 주체사상이 결합한 형태이다. 즉, 주체사상과 기존의 민족주의 논리가 결합한 담론이라고 할 수 있다.

1990년대에 들어서는 단군릉 발견과 대동강문화론이 대두되면서 평양 중심의 역사 인식이 형성되었으며, 기존의 '조선 민족 제일주의'와 맞물려 '북한형 민족주의 역사관'으로 재탄생했다. 1993년 평양에서 단군릉이 발견되면서 단군은 역사적 실존 인물이 되었고, 고조선의 중심지도 요동이 아닌 평양 일대이며, 고조선의 성립 시기 역시 기원전 1000년 전반기가 아닌 기원전 3000년 이전으로 설정하였다. 고조선의 국가 출현 시점이 상향 조정된 결과 고대 전후의 시대사 편년에 변화가 발생하게 되는데, 특히 청동기문화의 출현 시점과 삼국의 건국 연대가 상향 조정되었다. 고구려의 건국 연대가 기원전 3세기로 소급되었고, 백제와 신라의 건국 연대도 상향되었다. 더불어 고구려의 전신인 구려를 고대 국가로 상정함으로써 종전에 고대 국가로 규정한 고조선, 부여, 진국에 구려가 추가되었다.

북한의 부여사 연구는 역사 인식의 변화와 궤를 같이한다. 1950~1960년대에 유물사관에 입각한 시대 구분이 확립되면서 부여는 고조선·진국과 함께 고대 노예제 사회에 속하게 되었다. 이로 인해 1962년 개정판 『조선통사(상)』에서는 제2편 노예 소유자 사회에서 부여의 역사가 다루어졌다. 책의 구성은 고조선·부여·진국의 역사를 성립과 멸망, 경제, 사회, 정치, 문화 등으로 나누어 정리하였는데, 내용 대부분은 고조선이 중심이며 부여와 진국은 소량에 불과하다. 이 책에서는 부여의 성립 시기를 기원전 5세기경으로 파악하였다.

이 시기에는 개별 연구자도 부여사를 연구하였다. 1963년 출간된 리지린의 『고조선 연구』에는 부여가 하나의 장으로 편성되었다. 제5장에서 '부여에 대한 고찰'이란 제목으로 부여사를 정리하였는데, 3절로 나누어 부여를 세운 종족은 누구이고, 부여와 고조선은 어떤 관계였으며, 부여의 사회경제 구성은 어떠했는지에 대해 세부적으로 기술하였다. 이 책은 기존의 개설서 개념에서 벗어나 부여를 세운 종족, 고조선과의 관계, 사회경제 구조에 관한 문제 제기와 견해를 피력했다는 점에서 북한에서는 최초의 부여 관련 전문 연구 논문이라 할 수 있다.

1970년대에는 북한 역사학계에 주체사관이 확립되지만, 부여 관련 연구는 그다지 큰 변화를 보이지 않는다. 1977년에 개정된 『조선통사』의 부여 관련 내용도 1962년 판과 큰 차이가 없다. 같은 해에 출간된 『조선문화사』에도 부여 관련 내용이 일부 포함되어 있지만 『조선통사』의 부여사 내용을 요약한 것에 불과하다. 1979년에는 사회과학원 력사연구소에서 총 34권의 『조선전사』를 출간하였는데, 부여는 고조선, 진국 등과 함께 제

2권 고대편에 실려 있다. 이 책의 부여사 서술 역시 『조선통사』의 내용에서 크게 벗어나지 않고 있다.

1990년대 들어 북한의 부여사 연구는 급격히 증가한다. 이는 1980년대의 민족을 강조하는 '북한형 민족주의 역사관'의 영향으로 볼 수 있다. 단군릉 발굴을 계기로 고조선의 역사가 기원전 3000년 이전으로 올라가고, 고대·중세 국가들의 건국 연대 역시 상향 조정된다. 이로 인해 부여사 편년에도 많은 변화가 나타나게 되는데, 가장 눈에 띄는 변화는 부여의 역사를 고대 노예제 사회 단계와 중세 봉건제 사회로 구분하여 고대부여와 후부여로 나눈 점이다.

1991년 개정판 『조선전사 2』 고대편에서는 이러한 변화가 확인된다. 머리말에서는 이 책을 다시 간행하게 된 이유를 초판 발행 이후 관련 유적과 유물이 증가하고, 새로운 연구 성과가 도출되어 고대사를 새롭게 체계화할 필요성이 제기되었기 때문이라고 설명하고 있다. 추가되거나 변화된 내용을 살펴보면, 첫째, 고대 국가에 고조선·부여·진국과 더불어 고구려의 전신인 구려국을 추가하였다. 둘째, 부여의 역사를 고대부여와 봉건부여(후부여)로 나누었다. 셋째, 고대 국가들의 건국 연대를 종래보다 훨씬 더 이른 시기로 상향 조정하였다. 넷째, 고대 국가의 주민 구성과 국가들의 영역, 기타 여러 문제를 새롭게 해석하였다. 개정판 『조선전사 2』 고대편에서는 고대부여만 다루고 있는데, 모두 4장으로 나누어 부여국의 성립과 영역, 통치기구, 생산의 발전과 경영 형태, 멸망 과정 등을 기술하였다. 부여의 성립 시기 역시 기원전 7세기경까지 올려 보았다.

2000년대 부여사 연구의 가장 큰 특징은 고대부여 성립 이전에 단군조선의 후국으로서 부여후국를 상정하고 있는 점이다. 즉, 고대부여 성립 이전인 기원전 3000년대 중반에 이 지역은 단군조선이 지배하였고, 단군조선의 속국으로서 부여후국이 존재했던 것으로 파악하였다. 기원전 1500년경 부여후국은 단군조선에서 독립하여 고대 노예제 사회인 고대부여로 발전하며, 기원전 219년까지 존립하다가 고구려에 의해 멸망하고, 이후 중세 봉건제 사회인 후부여가 성립된다.

앞에서 살펴본 바와 같이 북한의 부여사 편년과 인식은 시기별로 차이를 보이는데 시간이 지날수록 건국 시점과 영역이 점차 확대되는 것을 확인할 수 있다. 이처럼 자국의 역사를 확장·확대하려는 시각은 북한이 내세우고 있는 '우리 민족 제일주의 역사관'의 영향으로 볼 수 있으며, 한국을 비롯한 주변국의 인식과는 차이를 보인다.

북한의 부여사 인식이 가장 잘 반영되어 있는 책이 바로 권승안의 『조선단대사: 부여사』이다. 이 책은 제목에서 알 수 있듯

〈그림 40〉『조선단대사: 부여사』 표지

이 그동안 북한에서 이루어진 부여 관련 연구를 종합적으로 정리한 개설서이다. 북한에서는 일반적으로 역사학을 서술 형식에 따라 역사 발전의 전 시기를 개괄 서술하는 통사와 어느 한 시기만을 서술하는 단대사, 사회의 어느 한 분야만을 서술하는 부문사로 나누고 있다. 『조선단대사: 부여사』는 고조선부터 조선까지의 역사를 정치, 경제, 군사, 문화, 대외관계 등으로 구분하여 시대별·국가별로 출간한 시리즈물이다. 과학백과사전출판사에서 2000년부터 출간하기 시작하였으며, 총 60여 권으로 구성되었다. 부여사는 2011년도에 출판되었으며, 박사 권승안이

집필하였고, 부교수 공명성과 박사 강세권이 감수했다.

이 책은 처음에 머리말과 함께 부여사 개관을 정리하였으며, 본문은 제1편 고대부여사, 제2편 후부여사로 나누었다. 제1편 고대부여사에서는 성립 과정, 영역, 통치체제, 경제, 멸망 과정, 문화 등으로 장을 나누고, 제2편 후부여사에서는 후부여의 성립과 봉건제도 확립을 시작으로 영역, 통치제도, 경제, 대외 관계, 전쟁과 멸망 과정, 문화 등으로 나누어 기술하고 있다.

제1편 고대부여사는 모두 6장으로 구성되어 있다. 제1장 고대부여의 성립 과정에서는 부여후국 성립 과정과 부여후국의 분립, 고대부여의 성립으로 나누어 설명하였다. 부여의 역사는 기원전 30세기 초에 건국된 단군조선이 기원전 30세기 중엽 부여인이 거주하던 지역을 차지하면서 시작된다고 보았다. 그 근거로 길림-장춘 일대의 신석기문화가 기원전 3000년경에 소멸되고 새로운 청동기문화인 서단산문화가 시작된다는 점을 들었다. 고대부여의 성립 과정에 대해서는 기원전 15세기경 전조선이 쇠퇴하고, 후조선이 성립하자 부여후국은 고조선의 지배에서 벗어나 독자적인 나라를 세웠으며, 기존에 속하지 않은 범부여 계통의 세력 및 주민 집단을 통합하여 기원전 12세기경 통일적인 고대 국가를 수립하였고 이후에 동명을 중심으로 한 색리국 출신 세력에 의해 왕조가 교체된 것으로 보았다.

〈그림 41〉 고대부여의 영역 범위

제2장 영역에서는 고대부여의 수도와 강역에 대해 다루었다. 고대부여의 수도를 서단산문화의 중심지인 길림시 일대로 파악하였다. 강역 범위는 서쪽으로 서요하 중류로부터 북쪽으로 대흥안령 산록을 따라 눈강 중류까지 이어지며, 동쪽은 목단강 하류, 북쪽은 눈강 중류에서 동류송화강 중류에 이르는 선, 남쪽은 휘발하 상류와 두도강 상류를 거쳐 두만강 유역에 이르는 선으로 설정하였다. 또한 북옥저를 고대부여의 후국으로 파악하고 그 영역까지 고대부여 강역에 포함시켰다.

제3장에서는 고대부여의 통치체제를 정치제도, 경제제도, 군사제도와 법, 신분·계급 관계로 나누어 기술하였다. 이 장에서

는 주로 『후한서』와 『삼국지』의 「부여전」 기사를 토대로 각 절의 내용을 설명하고 있다. 고대부여의 정치제도는 왕을 최고 통치자로 하는 고대 군주제 국가로 규정하였으며, 중앙의 통치기구는 장자 세습을 원칙으로 하는 왕을 중심으로, 왕실 자제로 구성된 제후왕과 국왕의 통치를 보좌하고 고문 역할을 하는 최고 관료인 상이 있고, 그 아래에 마가·우가·저가·구가·양가羊加·녹가鹿加의 육가와 대사자·사자 등이 있었던 것으로 파악하였다.

경제제도는 유물사관에 입각하여 부여를 노예제 고대 국가로 규정하고, 노예 소유자적 경제 형태, 자영 소농민적 경제 형태, 공동체적 경제 형태 등이 존재하는 것으로 보았다. 노예 소유 집단은 왕·후왕·상·제가 등 대귀족층이고, 노예는 포로·채무·형벌 등에 의해 공급되며, 하호 역시 착취 대상으로 파악하였다. 자영 소농민적 경제 형태의 대상은 평민이며, 이들은 스스로 무기와 무장을 갖출 수 있었다. 읍루에 조부를 부과하였다는 기록을 통해 조세제도가 정비되었던 것으로 추정했다.

군사제도는 엄격한 지휘체계와 병역제도가 갖추어져 있었고, 지역마다 성곽 방어체계가 있었던 것으로 기술하였다. 최고 지휘권은 왕에게 있었고, 제가들은 일정 규모의 군대를 거느린 군사지휘관이었으며, 대사, 대사자, 사자 등은 중·하급 지휘관이었을 것으로 추정하였다. 일반 병은 호민과 민으로 구성되었으며, 직업 군인의 존재도 상정하였다. 부대는 기본 전투부대와 하호층으로 구성된 후방 지원부대로 구분하였다. 기본 전투부대는 기병과 보병으로 이루어졌고, 검, 활, 단검, 창, 도끼, 갑옷 등의 무기를 사용한 것으로 보았다.

부여의 법은 지배계급의 이익을 철저히 반영한 반인민적인 것으로 기술하였다. 종전의 관습법 가운데 지배계층에 유리한 것만 살려 수정·보완하거나 필요한 행동규범을 새로 만들어 법으로 제정하였다. 이후 점차 국가권력이 강화됨에 따라 지배 수단으로서 더욱 정비되었다. 즉, 『삼국지』「부여전」의 법 조항을 예로 들어 살인자는 노예계층이 아니라 평민의 노예주들 살인에 대해 형벌을 적용하는 것을 기본 대상으로 삼았으며, 노예로 삼는 조항도 노예 원천을 확보하기 위한 방안으로 지배계급의 이익을 철저히 대변한 것으로 인식하였다. 남의 물건을 도둑질한 자에게 12배를 배상하게 하거나 그렇지 못한 경우 노예로 만드는 조항 역시 노예주들이 인민 대중의 투쟁이 강화되어 소유권을 침해당하자 그 범위를 확대한 것으로 추정하였다. 또한 남녀가 음란한 행위를 하거나 질투할 경우 모두 사형에 처하는 조항은 가부장에게 절대적인 권한을 주고 노예주들의 축첩 행위를 법적으로 보장한 악독한 법이라 적고 있다. 특히 질투죄와 일부다처제는 여성의 권리를 억압한 지배계급의 반인민적 성격을 보여 주는 가장 좋은 예로 설명하였다.

제4장 경제 발전에서는 다양한 자연 지리적 조건을 활용하여 농업, 목축업, 수공업, 광업 등 여러 분야에 걸쳐 발전이 이루어졌음을 설명하였다. 농업과 목축업은 부여의 기본 생산 부문으로 서단산 유적, 양둔 유적, 후석산 유적 등에서 출토된 기장, 조, 콩 등의 작물을 근거로 이 지역에서 일찍부터 오곡이 재배되었고, 도끼, 호미, 괭이, 삽, 보습 등의 금속제 농업 생산공구의 출현과 저장용 대형 구덩이 축조, 대형 토기 제작 등을 통해 농업 생산성이 매우 높았음을 설명하고 있다. 목축업도 발달했는데, 주로 말, 소, 돼지, 개, 닭, 양 등을 방목하거나 사육하였으며, 이는 부여의 육축 관직명을 통해서도 확인된다는 점을 강조하고 있다.

수공업 분야에서는 야금, 광업, 직조업, 털가죽 가공업, 옥돌 가공업 등이 발달한 것으로 서술하였다. 특히 후고조선의 영향을 받아 비파형단검과 세형동검을 제작하는 청동야금업과 제철 기술이 상당한 수준에 도달해 있었으며, 광업도 발전한 것으로 추정하였다. 비단 천, 모직 천, 베 등의 직물과 짐승 털가죽 가공업도 외국에 수출할 정도의 수준에 도달해 있었으며, 장식품 제작을 위한 금·은 세공업과 구슬 가공업도 발전한 것으로 파악하였다.

이 밖에도 사냥과 어로업의 발달을 강조하였다. 사냥은 주로 산악지대인 동쪽에서 많이 이루어졌는데, 부여의 생업과 밀접한 관련이 있음을 설명하였다. 또한 경역 내에 많은 강과 호수가 있어 어로 역시 발달했다고 적고 있다. 지역에 따라 생산 활동이 달랐기 때문에 지역의 특산품을 교환하는 교역이 있었던 것으로 추정하였는데, 어로가 중심인 눈강 유역에서는 물고기를, 북류송화강 일대에서는 농산물을, 동부 산간 지대에서는 사냥한 짐승을 교환했던 것으로 파악하였다.

제5장 고대부여의 종말에서는 내부적으로는 계급사회의 모순 격화와 새로운 봉건적 관계가 출현하고, 외부적으로는 신흥 국가인 고구려와의 대결에서 패함으로써 고대부여가 멸망하는 과정을 설명하였다. 고대부여는 기원전 5~3세기경부터 점차 국력이 약해져 쇠퇴의 길을 걷게 되는데, 그 원인을 계급투쟁의 결과로 보았다. 또 기원전 6~5세기경 이 지역에 철기가 보급되고 농업 생산력이 증가하면서 지배층과 피지배층 간의 갈등이 심해졌고, 이로 인해 노예제도에 커다란 균열이 생기면서 새롭게 봉건적인 관계가 출현했다고 하였다. 즉, 노예를 평민화시켜 경작지를 주고 수확물을 착취하는 방식으로 전환하는데, 이에 따라 노예는 봉건적 예속 농민(농노)으로, 노예주는 봉건 지주로 전환

되며 새로운 사회 계급 관계가 발생했다는 것이다.

봉건제 성립과 함께 고구려 등 주변에서 신흥 봉건세력이 성장하면서 고대부여는 점차 약화되었고, 기원전 3세기 초·중엽에는 부여의 통치하에 있던 후국 혹은 속령인 북옥저, 행인국, 해두국 등이 자립 소국으로 분리·독립하였다고 적고 있다. 특히 신흥 봉건국가인 고구려와의 대결에서 수세에 몰리면서 고대부여는 종말을 고하였다고 서술하였다. 즉, 고대부여 멸망의 직접적인 계기를 기원전 220년 부여 남쪽 진펄지대에서 벌어진 고구려와의 전쟁에서 부여 왕 대소가 사망한 것에서 찾았다. 왕의 죽음으로 통치층 내부에 분열이 일어나고, 더불어 고대부여 지역 대부분이 고구려의 속국 혹은 속령이 됨으로써 멸망에 이르게 되었다는 것이다.

제6장 고대부여의 문화에서는 부여의 사상과 신앙, 말과 글, 문학, 음악, 무용, 의식주 생활, 풍습 등을 다루었다. 부여의 사상과 신앙은 유물론적 사상과 하늘신 숭배에 바탕을 둔 것이라 파악하였다. 사상 면에서는 유물론적 사상인 '기' 유물론 철학에 바탕을 두고 있는데, 동명설화의 달걀 같은 기운을 '기'로 보고, 달걀이 부화하는 과정을 '혼돈'으로 파악하여 '기'와 '혼돈'이라는 철학적 개념이 탄생했으며, 이러한 개념이 중세 유물론으로 계승·발전되었다고 설명하고 있다. 신앙은 사상적 지배

도구로 하늘신 숭배 사상을 이용하였고, 영고라는 국가적 행사를 통해 현실을 왜곡하는 관념론적 사상을 유포시켰으며, 순장 제도의 성행은 영혼불멸설에 기초한 조상신 숭배 사상이 널리 퍼져 있었다는 점을 설명하는 것으로 기술하였다.

부여의 언어는 단군조선, 구려, 진국 등과 같으며, 글자는 신지글자(왕문)를 사용한 것으로 파악하였다. 문학 유산으로는 동명신화와 고구려 건국신화 중 해모수신화 등을 들고 있다. 음악과 무용은 국가 행사인 영고 때 노래하고 춤춘다는 내용과 길을 가면서도 밤낮으로 남녀노소가 노래를 불렀다는 문헌 기록을 토대로 당시에 가요 작품이 많이 만들어졌는데, 그 유형은 목도소리 종류의 노동가요이거나 낙천적인 타령조였을 것으로 추정하였다. 또한 춤과 노래에 사용했던 악기로는 북, 슬, 방울, 피리 등을 들고 있으며, 가무 형태는 고대조선의 매악과 유사한 것으로 파악하였다.

부여인의 옷차림을 보통 저고리, 바지, 겉옷, 쓰개, 신 등으로 구분하고, 옷, 쓰개, 신 등은 베, 비단, 동물 가죽 등으로 만들었을 것으로 추정했다. 일반적으로 베옷을 즐겨 입었고, 가죽은 겨울 옷감으로 사용했으며, 비단옷과 명주옷은 지배층이 주로 착용한 것으로 보았다. 식생활은 기장, 조, 콩, 보리, 수수 등의 오곡으로 밥과 죽을 만들어 먹었으며, 부식물로는 고기, 물고기,

채소, 산나물 등이 있었던 것으로 적고 있다.

부여인은 주로 지상 가옥에서 생활하였는데, 초기에는 움집이었으나 말기로 갈수록 지상 가옥 형태로 발전했다고 보았다. 서단산문화 주거지를 고대부여인의 일반적인 주거지로 인식하였다. 가족 형태는 일부일처제적인 소가족제가 기본이었으며, 지배층 여자는 남편에게 복종할 의무가 있었고, 상례와 제사를 중시하였다고 설명하였다. 무덤은 석관묘, 토광묘, 고인돌, 옹관묘 등이 사용되었으며, 부장품으로는 단검, 창, 수레, 거울, 구슬, 토기 등과 더불어 돼지뼈가 매납되는 특징을 강조하고 있다.

제2편 후부여사는 모두 8장으로 후부여의 성립 과정, 영역, 통치제도, 경제, 대외 관계, 모용선비와의 전쟁, 후부여의 종말, 문화 등으로 구성되었다. 제1장에서는 후부여의 성립 과정을 다루었는데, 기원전 219년 고구려와의 전쟁에서 패한 고대부여는 고구려의 속국이 되었고, 이후 신흥 봉건세력이 혼란한 정세를 수습하고 부여 대소왕의 동생 중 하나를 왕으로 추대하고 부여 지역을 재편성함으로써 독자적인 봉건국가를 건립한 것이 바로 후부여라고 보았다. 대략 기원전 2세기 초에 성립되어 494년까지 존속하였으며, 이 시기를 대표하는 유적으로 유수 노하심을 들고 유적 내용을 상세히 설명하고 있다.

제2장 영역에서는 시기에 따라 후부여의 경역 범위를 달리 파

〈그림 42〉 후부여의 영역

악하였다. 기원전 2세기 초에서 3세기 중엽까지는 서쪽으로 서요하 유역으로부터 대흥안령 산줄기를 따라 눈강 상류 일대에 이르는 일선까지, 동쪽은 연해주 해안 일대까지, 북쪽은 흑룡강, 남쪽은 개원-서풍-이통-길림-돈화-왕청현 북쪽 영안현 남쪽에 이르는 선으로 파악하였다. 그러나 285년 모용외의 공격으로 수도였던 농안 지역이 고구려에 넘어가자 수도를 회덕懷德으로 옮기면서 후부여(서부여)를 재건하였고, 당시 일부 왕족들이 북옥저(목단강시 일대)로 피난하여 나라를 세웠는데 이를 동부여로 파악하였다. 이 시기 후부여의 영역은 회덕을 중심으로 서부와 북부로 한정하였다. 346년 모용황의 공격으로 일부 세력이 동류송화강을 건너 북부여를 건립하였으며, 460년 북부여 내부에서 정치적 변동이 일어나 두막루국이 세워진 것으로 파악하였다. 동부여는 건국 초기 고구려의 속국이었으나 한때 고구려의 예속에서 벗어났다가 5세기 초에 고구려 광개토태왕의 정벌로 다시 속국이 되었고, 독자성을 가지고 있었으나 494년 고구려에 투항하면서 멸망했다고 서술하였다.

제3장에서는 후부여의 통치제도를 다루었는데 내용상 고대부여와 큰 차이를 보이지 않는다. 다만 최고 통치자인 왕이 고대 군주제 국왕에서 봉건제 국왕으로 바뀌었다. 후왕제도가 여전히 존속하고 있으며, 285년에 건국된 동부여 세력 역시 후왕 중의 하나가 세운 것으로 파악하였다. 지방 통치는 기본 영역의 통치체제와 읍루 같은 다른 족속을 다스리는 통치체제로 구분하여, 기본 영역은 고대부여와 마찬가지로 전국을 5개 지역으로 나누어 왕과 제가들이 통치하였으며, 읍루 등 주변에 예속된 종족은 조세와 공물 징수, 부역을 부과하는 방법으로 다스렸다고 하였다. 군사체계 역시 고대부여와 같이 중앙군과 지방군으로 나누고, 중앙군은 수도성과 왕기 지역 방어를 담당하였으며, 지방군은 해당 부의 중심지 혹은 전략적으로 중요한 성읍에 배치되어 지역을 방어한 것으로 파악하였다. 군대는 보병과 기병으로 구성되었으며, 기병이 큰 비중을 차지한 것으로 보았다.

제4장 경제에서는 농업, 목축업, 수공업, 상업 등을 다루고 있는데, 시대상으로는 중세 봉건사회로 전환했음에도 불구하고 내용 면에서는 고대부여와 큰 차이가 없다. 설명에 이용된 근거 자료만 『삼국지』의 내용과 서차구 유적 혹은 노하심 유적에서 출토된 유물로 바뀌었을 뿐 고대 노예제 사회에서 중세 봉건제 사회로 어떻게 변화했는지는 설명하지 않았다. 눈여겨볼 점은 목축업의 경우 관영 목축과 일반 목축으로 구분하였는데, 관영 목축의 근거로 주몽설화 내용과 길흉을 점치는 데 소 발굽을 사용한 점을 들어 왕실 및 국가가 운영하는 목장이 있었을 것으로 추정하였다.

수공업은 야금 및 금속 가공업 분야가 가장 두드러지게 발전한 것으로 파악하였다. 제철업의 발달로 일반인이 철제 생산도구, 무기류, 마구류 등을 사용할 수 있을 정도로 수량이 늘어났고, 제강업 역시 제품의 용도에 맞게 재질(선철, 강철)을 선택하여 주조, 단조, 열처리 등을 거쳐 제작했다고 적고 있다. 이러한 기술의 발달로 귀금속 장식품 역시 매우 정교하고 아름답게 제작할 수 있었던 것으로 파악하였다. 이 밖에도 직조업, 털가죽 가공업 등이 발달했으며 제조된 상품들은 전한, 후한, 위, 진 등 중국 봉건국가와 외교 관계를 맺는 과정에서 이용되었을 것으로 추정하였다.

제5장 대외 관계에서는 고구려 및 중국 왕조와의 외교 관계를 다루었다. 고구려와는 후부여 건립 초기 적대적인 관계에서 1세기 초부터 120년까지는 화친 관계로 전환되었고, 120년부터 3세기 중엽까지는 부여와 후한이 우호적인 협력 관계를 형성하면서 고구려와는 다시 적대적인 관계로 변하였다고 파악하였다. 전한·후한·조위·서진의 중국 왕조와는 대부분 우호적인 관계를 유지한 것으로 보았다.

제6장에서는 모용선비와의 전쟁 과정과 후부여의 쇠퇴 과정을 다루었다. 3세기 중엽 이후 모용선비의 침입으로 수도가 함락되자 북옥저로 피신했던 후부여의 일부 왕족들이 동부여를 건립하였다. 모용선비가 물러간 이후 고구려가 후부여의 초기 수도인 농안 일대를 차지하자 왕자 의나가 회덕으로 수도를 옮겨 나라를 재건하는데 이를 서부여로 보았다. 345년 고구려의 압박으로 회덕에서 사평으로 수도를 옮긴 서부여는 이듬해 모용황의 침입으로 멸망하고, 이때 서부여의 일부 사람들이 나하(눈강 하류 및 동류송화강 상류)를 건너 북부여를 세웠으며 이후 470년경 두막루(달말구)국이 북부여를 계승하였고, 오락후국은 북부여의 후국인 것으로 파악하였다.

제7장에서는 동부여 멸망에 대해 다루었다. 285년 북옥저 지방에 세워진 동부여는 410년 고구려 광개토태왕에게 큰 타격을

입고 고구려와 신속 관계에 놓이는데, 이후 북쪽의 물길이 남하하자 494년 왕과 처자가 고구려에 투항하면서 멸망한 것으로 보았다.

제8장에서는 후부여의 문화를 과학과 기술, 공예, 음악과 무용, 생활 풍습 등으로 나누어 설명하였다. 내용은 대부분 제1편 고대부여사의 제6장에서 다루었던 것과 대동소이하다. 다만 노하심과 서차구에서 출토된 유물에 대한 설명이 첨부되었다.

이 책을 읽으면서 가장 불편하게 느꼈던 점은 역사 기록을 너무 자의적으로 해석하고 있다는 점이었다. 부여사 연구에 이용되는 자료는 매우 제한적이기 때문에 국가나 연구자들을 막론하고 대부분 동일한 자료를 사용하고 있다. 그럼에도 불구하고 역사 인식에 따라 자료의 해석에 큰 차이를 보이며, 이로 인해 부여사 역시 전혀 다른 결론이 도출되고 있다. 그동안 각국에서 이루어진 부여사 연구 결과를 비교해 보면 북한의 부여사 인식은 다른 국가들과 확연한 차이를 보인다. 특히 편년 문제에 있어서 아주 큰 괴리가 존재한다.

첫째, 부여의 건국 시기를 너무 올리고 있다. 일반적으로 부여의 건국 시기는 기원전 3세기 말에서 기원전 2세기 초로 파악하는데, 북한의 경우 1960년대에는 기원전 5세기로 보았다가 1990년대에는 기원전 7세기까지 상향되고, 2000년대에는 기원전 15세기까지 올려 보고 있다. 후부여국의 존재까지 상정하면 기원전 30세기 중반까지 올릴 수 있다. 이는 일반적으로 인정하는 건국 시점과는 2,000년에서 1,300년의 차이가 난다. 후부여의 건국 시점 역시 기원전 219년 이후로 잡고 있는데, 그 근거를 『삼국사기』「대무신왕조」에 두고 있다. 『삼국사기』 연표와는 대략 200여 년 차이가 난다.

둘째, 부여 영역을 너무 광범위하게 설정하고 있다. 고대부여의 영역 범위를 살펴보면(〈그림 41〉 참조) 동 시기 후조선과 구려보다 훨씬 더 광대하게 설정하였다. 당시 이 범위에는 요하 상류의 고대산문화, 눈강 유역의 백금보문화, 북류송화강 유역의 서단산문화, 두만강 유역의 홍성-유정동문화 등 다양한 청동기문화가 존재하고 있었다. 과연 이렇게 광범위한 지역에서 문화 내용이 전혀 다른 청동기문화 집단이 고대부여라는 하나의 정치체에 의해 다스려졌는지는 의문이다. 또한 세력이 약화된 후부여 시기에 부여의 영역 범위가 더 넓어진 점도 문제점으로 지적된다(〈그림 42〉 참조).

셋째, 고대부여의 통치체제, 경제, 문화 등을 설명한 근거가 대부분 『후한서』와 『삼국지』「부여조」라는 점이다. 이 기록은 대부분 기원전·후한 시기부터 3세기대의 부여 상황을 기술하고 있다. 이를 기원전 15세기까지 소급시켜 근거 자료로 활용한 것은 문제가 있다. 다만, 부여의 관직 중에 문헌 기록에 보이지 않는 제후왕과 상, 양가, 녹가 등의 존재를 상정한 점은 매우 독창적이라 할 수 있다. 제후왕과 상의 존재는 고조선의 정치제도에서 가져온 것으로 이는 부여가 고조선 역사를 계승하여 정치체제 역시 고조선과 같다는 점을 강조하기 위한 설정으로 보인다. 또한 부여의 목축업에서 중요한 위치를 차지하는 양과 사슴을 육가 중에 하나로 설정한 것은 매우 창의적인 견해라 할 수 있다.

이상으로 권승안의 『조선단대사: 부여사』를 중심으로 북한의 역사 인식과 부여사 연구 현황을 살펴보았다. 상술한 내용을 통해 확인할 수 있듯이 우리와 북한은 한민족으로 하나의 역사를 갖고 있음에도 불구하고, 역사를 바라보는 인식과 내용은 매우 다르다. 이는 북한이 역사를 현재적 관점에 입각해 서술하기 때문에 생긴 차이라고 볼 수 있으며, 이는 중국의 역사 인식과도 일맥상통하고 있다. 비록 북한의 역사 인식과 해석이 우리와 큰 차이를 보인다고 하더라도 북한의 역사 연구에 대한 지속적인 관심은 반드시 필요하다. 향후 남북한이 한민족으로서의 동질성을 강조하면서 새로운 합일점을 찾아낸다면 우리 민족의 역사로서 부여사가 재정립될 것이라 기대한다.

참고문헌

사료집

- 김부식 지음, 이병도 역주(2013), 『삼국사기』, 을유문화사.
- 일연 지음, 이민수 옮김(2014), 『삼국유사』, 을유문화사.
- 동북아역사재단한국고중세사연구소 편(2020), 『譯註 中國正史 東夷傳1 史記·漢書·後漢書·三國志』, 동북아역사재단.

단행본

- 권승안(2011), 『조선단대사(부여사)』, 과학백과사전출판사.
- 고구려연구재단 편(2004), 『고조선·단군·부여』, 고구려연구재단.
- 국립민속박물관 편(1998), 『북방민족의 샤마니즘과 제사습속』, 국립민속박물관.
- 김수남(1988), 『한국의 탈』, 행림출판.
- 리지린(1963), 『고조선연구』, 과학원출판사.
- 사회과학원 력사연구소(1991), 『조선전사2(고대편)』, 과학백과사전종합출판사.
- 서영수 외 지음(2008), 『요동군과 현도군 연구』, 동북아역사재단.
- 송호정(2015), 『처음 읽는 부여사』, 사계절.
- 윤용구 외 지음(2008), 『부여사와 그 주변』, 동북아역사재단.
- 윤재운 외 지음(2011), 『한중관계사상의 교통로와 거점』, 동북아역사재단.
- 이승호(2018), 『부여 정치사 연구』, 동국대학교 박사학위 논문.
- 이종수(2009), 『송화강유역 초기철기문화와 부여의 문화기원』, 주류성.
- 정광용·윤용현·이현상(2007), 『문화재복원제작기술』, 서경문화사.
- 한성백제박물관(2020), 『백제는 부여를 계승하였나』, 학연문화사.
- 顧朴光(1996), 『中国面具史』, 贵州民族出版社.
- 吉林省文物考古研究所(1987), 『榆樹老河深』, 文物出版社.
- 董學增·仇起(2003), 『夫余王國論集』, 吉林市文物管理處.

- 董學增(2007), 『夫余王國論集續編』, 吉林文史出版社.
- 范恩實(2013), 『夫餘興亡史』, 社會科學文獻出版社.
- 楊軍(2012), 『夫餘史研究』, 蘭州大學出版社.
- 王綿厚·李健才(1990), 『東北古代交通』, 沈陽出版社.
- 李東(2006), 『夫余國研究』, 吉林人民出版社.
- 李鍾洙(2004), 『夫餘文化研究』, 吉林大學博士學位論文.
- 張博泉·魏存成 主編(1997), 『東北古代民族考古與疆域』, 吉林大學出版社.
- 黑龍江省文物考古研究所(2011), 『平洋墓葬』, 科學出版社.
- 黃斌·劉厚生(2006), 『夫余國史話』, 遠方出版社.
- Mark Edward Byington(2003), *A History of the Puyŏ State, Its People, and Its Legacy*, Harvard University.
- Mark Edward Byington(2016), *The Ancient State of Puyŏ in Northeast Asia: Archaeology and Historical Memory*, Cambridge, Harvard Asia Center.

논문

- 강인욱(2014), 「고고자료로 본 고조선-부여의 인물상과 그 함의」, 『동아시아고대학회 추계학술세미나 발표자료집』, 동아시아고대학회.
- 김민구(2014), 「부여의 얼굴:둥톈-마오얼산 출토의 금동 면구와 그 외연」, 『미술사논단』 38, 한국미술연구소.
- 노태돈(1989), 「부여국의 강역 및 그 변천」, 『국사관논총』 4, 국사편찬위원회.
- 박경철(2010), 「부여의 국세변동상 인식에 관한 시론」, 『고구려발해연구』 39, 고구려발해학회.
- 박대재(2008), 「부여의 왕권과 왕위계승 : 2~3세기를 중심으로」, 『한국사학보』 33, 고려사학회.
- 박승범(2009), 「부여국의 신화적 변동과 동명신화의 시·공간적 추이」, 『한국사학보』 37, 고려사학회.
- 박양진(2005), 「고고학에서 본 부여」, 『한국고대사연구』 37, 한국고대사연구회.
- 송기호(2005), 「부여사 연구의 쟁점과 자료해석」, 『한국고대사연구』 37, 한국

고대사학회.
- 송호정(1997), 「부여」, 『한국사4-초기국가(고조선·부여·삼한)-』, 국사편찬위원회.
- 윤정하(2019), 「부여의 형성과 교류 네트워크 전개과정-토기와 위신재 분석을 중심으로-」, 경희대학교 석사학위논문.
- 이종수(2009), 「무덤의 변화양상을 통해 본 부여사 전개과정 고찰」, 『선사와 고대』 30, 한국고대학회.
- 이종수(2013), 「부여의 대외교류와 교통로 연구」, 『백산학보』 95, 백산학회.
- 이종수(2015), 「송눈평원지역 눈강유역 청동기~초기철기시대 유적의 특징과 문화 변화 양상 고찰」, 『백산학보』 103, 백산학회.
- 이종수(2015), 「부여 성곽의 고구려 연용에 대하여」, 『선사와고대』 43, 한국고대학회.
- 이종수(2016), 「부여 왕성연구의 새로운 경향-후기왕성 요원설을 중심으로-」, 『고대 동북아 민족의 고고와 역사』, 한국고대사·고고학연구소 제4회 학술회의 발표자료집.
- 이종수(2016), 「중국의 최근 부여사 연구현황과 동향-楊軍, 『夫餘史硏究』(蘭州大學出版社, 2012)와 范恩實, 『夫餘興亡史』(社會科學文獻出版社, 2013)-」, 『동북아역사논총』 51, 동북아역사재단.
- 이종수(2017), 「석촌동 토광묘의 기원과 부여고분」, 『백제 초기고분의 기원과 계통』, 한성백제박물관.
- 이종수(2017), 「북학의 역사인식과 부여사로의 적용-권승안의 『조선단대사:부여사』서평을 중심으로-」, 『사학지』 53, 단국사학회.
- 이종수(2018), 「부여 강역 연구현황과 쟁점」, 『백산학보』 110, 백산학회.
- 이종수(2020), 「부여 금동가면 고찰」, 『백산학보』 117, 백산학회.
- 정재윤(2018), 「중국 요서(遼西)지역에 보이는 백제의 실체」, 『동북아역사논총』 61, 동북아역사재단.

이외 다수의 논문을 참고하였으나, 지면 관계로 다 싣지 못한 점 양해 바랍니다.

찾아보기

ㄱ

감응설화 5
경화성지 56~60, 68, 76
공농산산성 148
관구검 91, 94, 179
광개토태왕 84, 92, 94, 179, 208, 210
국립중앙박물관 7, 15~18, 21~23, 29
금동 가면 8, 15~18, 23~27, 29~31, 33~38, 40~45, 54, 106, 126
금동 패식 38
금제 귀걸이 38
길료분수령 77, 89, 90
길림성박물원 15, 20, 22, 23, 33
길림합달령 89, 90, 153, 178

ㄴ

노하심고분군 44, 67, 127, 186
농안고성 82, 146
눈강 38, 53, 55, 56, 60~63, 66~68, 71, 72, 74~76, 95, 98, 107, 179, 184, 199, 203, 207, 210, 212

ㄷ

다민족통일국가론 170
단군 48~51, 54, 193
단석괴 50, 51
대동강문화론 193
대릉하 40, 44, 102
대무신왕 80, 93, 95, 154, 212
대소 93, 204, 206
대흑산산맥 90, 103
농단산 14, 72, 73, 89, 734, 142, 167
동단산 평지성 111, 112, 117, 133, 134, 137, 140, 142
동단산산성 134, 140, 142, 143, 149
동명 8, 48, 49, 55, 56, 59, 67, 75, 76, 177, 178, 198
동병철검 124, 125
동인문화 57
두막루 6, 85, 179, 181, 208, 210

ㄹ

라마동고분군 40, 42~44

ㅁ

막힐부 181
모아산 14, 16, 33, 117, 126, 133, 172, 188
모아산고분군 37, 117, 127, 128, 134, 140, 143
모용선비 66, 74, 75, 86, 91, 92, 102, 162, 181, 206, 210
모용외 44, 82, 91, 99, 102, 176
모용황 44, 82, 83, 94, 103, 207, 210
묵특선우 66
물길 55, 60, 85, 86, 95, 187, 211
민게이 16

ㅂ

바로펴묻기 40, 119
백금보문화 62, 178, 212
백희 30, 31
복래동고성 100, 160, 162
부여후국 196, 198
부태 90

ㅅ

사기 52, 76, 87, 177
사출도 83, 84, 157, 158
삼국사기 80, 93, 175, 178, 212
삼국유사 175~177
삼국지 29, 50, 53, 70, 78, 96, 106, 108~110, 114, 132, 160, 178, 180, 186, 200, 201, 209, 212
삼연 40, 41, 43
색리구 유적 57~59
색리국 49, 53~60, 68, 75, 76, 154, 177, 178, 183
서단산문화 32, 52, 53, 58, 77, 116, 122, 136, 137, 139, 167, 168, 173, 184, 198, 199, 206, 212
서사근연 74, 82, 83, 132, 145, 147, 155, 179
서차구고분군 77, 185
선비산 66
성자산산성 148, 152, 153
소랍합문화 61
송눈평원설 72, 74, 78
송료 분수령 79
신가고성 100, 160
신앙 가면 28, 29

ㅇ

알선동 유적 66
압형호 64
앙앙계문화 61
약수 70, 72, 78, 79, 81
여순박물관 15, 17, 22, 26
예군 남려 53
예능 가면 28, 30
오송 유적 124, 125
오환산 66, 77
옥갑 32, 33, 88, 114, 115, 120, 121
왕팔발자 유적 57, 68
용강산 80, 81, 95, 96
용담산 14, 72, 117, 134, 137, 138, 140, 142, 143, 149
용담산산성 137, 140, 142, 143, 148
용수산산성 148~152
우의현 97
위구태 88, 94
위만 52
유리왕 81, 93, 95
읍루 60, 70, 79, 84, 86, 95~99, 101, 160, 200, 208
이룡호 성지 91

ㅈ

자치통감 132
전연 33, 40, 44, 82~84, 86, 92, 94, 103, 145, 147, 151, 181, 187
제왕운기 54
조두 108, 122
조선 민족 제일주의 192
조선단대사 74, 196, 197, 213
조선통사 190, 191, 193~195
주조 기법 24, 38
주체사상 191, 193
준왕 52
중토문화 184
진개 52
진서 70, 81, 99, 109

ㅌ

타출 기법 24, 38
탑만촌 35
투록후 50, 51

ㅍ

평양고분군 38
포자연문화 59, 77, 137

ㅎ

학고촌 무덤 127
학반령 81, 93, 95
한서2기문화 53, 61~63, 66~68, 184
해부루 54, 176, 177
현토군 78, 88~90, 92, 95, 153, 185
호룬평원설 72, 78, 81
홍산문화 34, 35, 61
홍의도 621
환두대도 25
후장구상 32, 115, 120
후한서 29, 31, 50, 70, 78, 92, 107, 108, 110, 114, 132, 200, 212
흑수말갈 55

이종수 李鍾洙

단국대학교 역사학과를 졸업하고, 중국 지린대학(吉林大學)에서 부여고고학으로 석사와 박사학위를 취득하였다. 2004년부터 충청남도역사문화연구원에서 책임연구원으로 근무하였으며, 현재 단국대학교 사학과 교수로 재직하고 있다. 단국대학교 석주선기념박물관 학예실장, 동양학연구원 역사문화연구소장, 한국고대학회 총무이사, 백산학회 편집위원장, 고조선부여사연구회장, 충청남도역사문화연구원장 등을 역임하였다. 저서로는 『송화강유역 초기철기문화와 부여의 문화기원』이 있으며, 『북방고고학개론』을 포함한 공저 12권과 연구논문 35편이 있다.

동북아역사재단 교양총서 20

부여의 얼굴

제1판 1쇄 발행일 2021년 2월 26일

지은이 이종수
발행인 이영호
발행처 동북아역사재단

출판등록 제312-2004-050호(2004년 10월 18일)
주소 서울시 서대문구 통일로 81 NH농협생명빌딩
전화 02-2012-6065
팩스 02-2012-6189
홈페이지 www.nahf.or.kr
제작·인쇄 청아출판사

ISBN 978-89-6187-616-2 04910
　　　978-89-6187-406-9 (세트)

* 이 책은 저작권법으로 보호를 받는 저작물이므로 어떤 **형태**나 어떤 **방법**으로도
  무단전재와 무단복제를 금합니다.
* 책값은 뒤표지에 있습니다. 잘못된 책은 바꾸어 드립니다.